KARL PLOBERGER
FOTOS: URSEL BORSTELL

Der Garten Flüsterer

Meine grünen Geheimnisse

blv

INHALT

Vorwort 6

VORFRÜHLING:
DIE LUST AUF FRÜHLING ERWACHT 8

Checkliste für den Vorfrühling 10
Wenn die Fensterbank zum Gartenbeet wird 12
Aber bitte nur Garteln! 14
Die drei lästigsten Unkräuter 15
Zeit zum Schneiden 16
Neid kommt von selbst 18
Die flottesten Blüher 19
Dem Wetter ein Schnippchen schlagen 20
Namensverwirrungen 21

ERSTFRÜHLING:
JETZT GEHT'S SO RICHTIG LOS 22

Checkliste für den Erstfrühling 24
So leicht geht das Kompostieren! 26
Die Zwiebelblumen des Sommers 28
Wachsende, männliche Begeisterung 29
So wird der Rasen wieder grün 30
Rosen schneiden – lernen von den Briten 32
Nicht nur durch die Linse schauen 33
Der Traum vom Gärtnern rund ums Jahr 34
Gemüsezeit – jetzt wird gepflanzt 36
Gut geschützt vor Kälte oder Schädlingen 37
Phantasie beim Pflanzen 38
Mein Flirt mit dem Frühling 39
Ein Kräutergarten im Handumdrehen 40
Kartoffeln wachsen auch auf dem Balkon 42

Frostschäden 43
Erde gut – alles gut 44
Unerwünschte schleimige Gäste 46
Wenn es anfängt zu krabbeln 48
Natur pur! 49

VOLLFRÜHLING:
DER ERSTE HÖHEPUNKT IM JAHR 50

Checkliste für den Vollfrühling 52
Mulchen – denn nackte Erde ist unnatürlich 54
Blütenpracht vor der Haustür 56
Ehemänner im Gartencenter 58
Kräftiger Schnitt schafft Blütenpracht 59
Blumenwiese statt Rasen 60
Die gute Mischung macht's 62
Farbe im Garten 64
Abwechslung ist wichtig! Die Fruchtfolge 65
Selbstgebrühtes für die Pflanzengesundheit 66
Tomatenzeit – Sieben Tipps für eine lange Ernte 68
Der Mörder ist immer der Gärtner 69
Schlaraffenland mit Beeren 70
Hanging Basket – very british 72
Widerspenstige Gäste 73

FRÜHSOMMER:
BLÜTEN, DUFT UND KÖSTLICHES 74

Checkliste für den Frühsommer 76
Kein Garten ohne Rosen! 78
Rose sucht Partner 80
Geduld und Gelassenheit 81
Beliebt seit Generationen – Geranien 82
Das größte Blumenbeet 84
Haben Sie keine Läuse? 85

HOCHSOMMER:
LINDENDUFT UND URLAUBSGEFÜHL — 86

Checkliste für den Hochsommer	**88**
Sieben Tipps fürs richtige Gießen	90
So wird richtig gedüngt	92
Der Sommer ist gerettet	*93*
Mediterrane Träume für heimische Gärten	94
Vier-Sterne-Hotel als Naturgartenidylle	96
Ein Hör-»krimi« im Garten	*97*

SPÄTSOMMER:
DER SOMMER SAGT LEISE SERVUS — 98

Checkliste für den Spätsommer	**100**
Flottes Gemüse für den Herbst	102
Ernten ist der Lohn	104
Eine Stunde Garteln ist wie ein Tag Urlaub	*105*
Sammeln für die nächste Blütenpracht	106
Kübelpflanzen auf Diätkurs	107
Pflanzennachwuchs selbst gezogen	108
Paradiesische Dufterlebnisse	*109*

FRÜHHERBST:
ERNTEFÜLLE UND HOLLERBEEREN — 110

Checkliste für den Frühherbst	**112**
Zwiebelblumen machen das Frühjahr bunt	114
Herbst – die beste Pflanzzeit für Gehölze	116
Der goldene duftende Herbst	*117*
Der Herbst – diesmal in Silber	118
Die schönsten „Haare" für den Garten	120
Der Herbst bringt Äpfel und Himbeeren	121
Südliche Träume – garantiert winterhart	*122*
Ohne Augenmaß gibt's Blumenpracht	123

VOLLHERBST:
WARME FARBEN UND GRAUE TAGE — 124

Checkliste für den Vollherbst	**126**
Hochbeet – jetzt vorbereiten	128
Die eifrigsten Helfer	130
Invasion!	*131*
Vitamine für den Winter	132
Quitte – die wollige Zitrone des Nordens	134
Schnittige Diskussionen	*135*

SPÄTHERBST:
ÜBERALL GIBT'S BUNTE BLÄTTER — 136

Checkliste für den Spätherbst	**138**
Das Gold des Gärtners – Laub!	140
Welcher Topf ist der beste?	142
Wildessen mit Hintergedanken	*143*
Winterschutz für Pflanzen	144
Rettet die Zwiebeln	*145*

WINTER:
DIE STILLE UND PAUSE GENIESSEN — 146

Checkliste für den Winter	**148**
Obstbaumschnitt – keine Hexerei	150
Ein Buch zum Erinnern, Träumen und Planen	152
Der Tod ist die beste Erfindung	*153*

Bücher und Adressen	154
Stichwortverzeichnis	155
Über den Autor	159

VORWORT

GARTELN WIR FLÜSTERND DURCHS JAHR

Schon wieder ein Buch »vom Ploberger«! Ja – es ist das 20. Also ein kleines Jubiläum. Und: Es ist diesmal komplett anders. Ein Ratgeber, der durchs Gartenjahr begleitet, aber gleichzeitig auch viele ganz persönliche Gartentipps enthält. Alle ausprobiert bei mir daheim im Garten.

Garteln – und ich spreche NIE von »Gartenarbeit« – gehört seit meinem sechsten Lebensjahr zu meiner Leidenschaft. Ob das üppige Gemüsebeet im Garten, das Kräuterkisterl auf dem Balkon, ob Kübelpflanzen oder Blumenbeete, ob Staudenbeete nach englischem Vorbild oder ein Garten voller duftender Rosen. Ich kann mich – so ich gefragt werde – nie entscheiden, was mir im Garten am besten gefällt.

Die Vielfalt ist es, die mich am Gärtnern so begeistert und das Leben mit der Natur. Seit 40 Jahren bin ich nur noch »bio« unterwegs. Mein absolutes Credo für ein erfolgreiches Gärtnern ist der Kompost. Ohne den geht es nicht. Denn ist der Boden gesund, sind die Pflanzen gesund und es gibt weniger Probleme mit Krankheiten und Schädlinge.

Und – daher der Titel dieses Buches: Ich freue mich mit meinen Pflanzen über die Erfolge und schimpfe sie manchmal, wenn sie nicht wachsen wollen. Aber nicht laut erfolgen Lob und Tadel, sondern flüsternd!

Haben Sie viel Spaß beim Garteln!
Karl Ploberger

PS: Viele Infos und die Möglichkeit, persönliche Fragen zu stellen, finden Sie auf meiner Homepage www.biogaertner.at.

VORFRÜHLING
Februar – März

DIE LUST AUF FRÜHLING ERWACHT

Von Tag zu Tag nimmt die Kraft der Sonne zu. Die ersten Frühlingsboten zeigen sich bereits. Blüht das Schneeglöckchen, dann beginnt laut unserem Kalender der Natur die erste der zehn phänologischen Jahreszeiten – der **Vorfrühling**. In manchen Gegenden ein wenig früher, in manchen raueren Lagen ein wenig später. Aber genau deshalb ist es so perfekt, wenn wir uns beim Garteln nach den Zeigerpflanzen richten. Gerade diese ersten Gartentage sind es, die selbst aus erfahrenen Gärtnerinnen und Gärtnern wieder neugierige Entdecker machen. Ein wenig Herbstlaub zur Seite schieben, um den Frühlingsboten Geburtshilfe zu geben. Und die Fensterbänke in den Wohnungen werden nun zum Aussaatbeet.

CHECKLISTE FÜR DEN VORFRÜHLING

ALLGEMEIN

* Die Vögel zwitschern und auch bei uns kribbelt der »grüne Daumen«. Das Wichtigste ist aber: **NICHTS ÜBEREILEN!** Meine Devise – gerade im Vorfrühling: Die Ersten werden die Letzten sein!
* **KOMPOST VERTEILEN.** Diese Kraftnahrung für alle Pflanzen gehört nun auf alle Beete (circa 2–3 cm stark), unter Bäume und Sträucher, zu den Rosen und auf die Blumenbeete. Nur ganz leicht einarbeiten (mit Rechen oder Grubber).
* **UNKRÄUTER BEKÄMPFEN** (Seite 15). So köstlich Vogelmiere, die jungen Blätter von Löwenzahn und Giersch auch sind – im Übermaß sind sie im Garten lästig. Je zeitiger man mit dem Ausreißen der Pflanzen beginnt, desto größer ist der Erfolg.

ZIERGARTEN

* Die wichtigste Aufgabe in diesen Frühlingstagen ist das Vorausdenken an den Frühling des kommenden Jahres, denn jetzt werden Narzissen, Zierlauch, Kaiserkronen und andere **ZWIEBELBLUMEN** mit organischem **DÜNGER** versorgt (Seite 19). Ich nehme dafür meist den organischen Rasendünger – der enthält viel Stickstoff.
* Die ersten einjährigen **SOMMERBLUMEN**, z. B. Tagetes, werden unter Glas oder am Zimmerfenster ausgesät. Die Aussaaten rechtzeitig pikieren.
* Je zeitiger man die herrlich duftenden **WICKEN** sät, desto schöner werden die Pflanzen. Nach dem Aufgehen die Sämlinge ein, zweimal komplett zurückschneiden, dann ist das Wachstum am besten.

Vorfrühling

- Die im Sommer und Herbst blühenden **GEHÖLZE** werden jetzt **ZURÜCKGESCHNITTEN** (Seite 16). Aber Vorsicht! Wenn Sie frühjahrsblühende Sträucher, wie Forsythien oder Flieder, vor der Blüte schneiden, gibt es keine Blüte, da diese bereits Knospen angesetzt haben.
- **SCHNEEGLÖCKCHEN** und Frühlingsknotenblumen können unmittelbar nach der Blüte ausgegraben, geteilt und so vermehrt werden.
- Sogenannte **WURZELNACKTE ROSEN** (also ohne Topf) können jetzt gepflanzt werden. Sofort anhäufeln und erst dann die Erde entfernen, wenn die Triebe gut 15 cm lang sind.
- Ein **FRÜHJAHRSPUTZ** im Garten ist nicht zwingend notwendig. Dürre Zweige und Stauden werden abgeschnitten. Laubreste müssen nur vom Rasen entfernt und auf den Komposthaufen gebracht werden. Unter Hecken bleibt das Laub liegen – es bietet Schutz für Nützlinge.

TOPFGARTEN

- Fuchsien, Geranien und andere **ÜBERWINTERTE BALKONBLUMEN** werden nun zurückgeschnitten. Ende des Monats, wenn sich wieder grüne Triebe zeigen, können sie umgetopft werden.
- Der März bringt meist eine große **LÄUSEPLAGE** bei überwinternden Kübelpflanzen. Wenden Sie Schmierseifenlösung an. (1 l Wasser, 1 EL Schmierseife, 1 Spritzer Spiritus).

NUTZGARTEN

- **AUF DER FENSTERBANK** beginnt die Anzucht von Gemüse, Kräutern und Sommerblumen. Als Erstes werden Tomaten und Chili vorgezogen (Seite 13).
- Im **FRÜHBEET** (Seite 20) oder auch im Hochbeet mit Abdeckung können Mitte und Ende Februar bereits erste Pflücksalate gepflanzt werden. Auch Kohlrabi ist robust genug.
- **AUSSAAT INS FREILAND:** Spinat, Erbsen, Karotten, Radieschen, Zwiebeln, Schnittsalat, Petersilie.
- Die ersten **SCHNECKEN** kommen. Absammeln ist eine natürliche Pflanzenschutzmethode. Schon jetzt Schneckenkorn (Eisen-III-Phosphat-Basis) streuen.
- Der **OBSTBAUMSCHNITT** kann bis weit ins Frühjahr fortgesetzt werden. Schneiden Sie die Bäume und Sträucher nur an frostfreien Tagen! Lassen Sie das Schnittgut liegen. Tiere wie Rehe und Hasen werden so von den Obstbäumen abgelenkt. Das Schnittgut kann übrigens als Unterlage für den Kompost verwendet werden.

WENN DIE FENSTERBANK ZUM GARTENBEET WIRD

So herrlich richtige Wintertage mit viel Schnee sind, das Warten auf den Frühling dauert doch immer zu lange. Der Ausweg für die Durststrecke ist die Fensterbank. Besonders beliebt sind da die Gemüse, Kräuter und viele Sommerblumen: kein Frühjahr ohne die Pflanzen auf der Fensterbank, die nun wieder zur Kinderstube für all das wird, was uns in diesem Sommer den Alltag würzt. Damit das gelingt, heißt es, ein paar Grundlagen zu beachten.

Die richtige **Aussaaterde** kauft man entweder fertig aus der Packung oder stellt sie selbst her. Folgende Erdmischung hat sich am besten bewährt: Maulwurferde (im Frühjahr bei einem Sonntagsausflug leicht zu sammeln), Anzuchterde aus der Packung und Quarzsand. Alle zu gleichen Teilen gut mischen. In die Schalen gibt man am Boden eine Schicht Sand und die Abzugslöcher werden mit einer Tonscherbe abgedeckt, damit sie nicht durch Erde verstopft werden können.

MEIN GEHEIMTIPP
Tomaten um den Finger wickeln!

* Die Tomatensämlinge sind wieder einmal zu lang geraten? No problem! Die Saatschale ein wenig trockener halten, bis der Tomatennachwuchs ein wenig welk wird. Nun die Pflänzchen vorsichtig mit einem Bleistift aus der Erde holen und – man glaubt es kaum – die zu langen Stängel um den Finger wickeln. Danach die Pflanzen gleich in kleine Töpfe setzen, wobei die »Wickelung« unter der Erde ist. Dort bekommt die Tomate sofort viele Wurzeln und wächst nun kräftig und kompakt weiter, wenn man sie hell und kühler aufstellt.

Der **hellste Platz** auf der Fensterbank ist der beste. Damit die Erde nicht zu kalt wird, Dämmplatten oder vier Joghurtbecher als »Säulen« unter die Saatschalen stellen. Die Schalen immer mit einer Glasplatte abdecken. Oder man verwendet am besten gleich die kleinen Zimmergewächshäuser. Diese gibt es sogar mit preiswerter und energiesparender Bodenheizung.

Gesät wird dünn. Immer beachten, dass manche Samen Lichtkeimer sind, z. B. Basilikum. Würde man sie abdecken, würden meist 50 % der Samen nicht aufgehen. Nach dem Säen angießen. Ab nun täglich die Schalen lüften und falls nötig gießen. Am besten mit Schachtelhalmtee **gießen**, damit Pilzkrankheiten wie Grauschimmel zurückgehalten werden. Diesen kann man selbst herstellen. Man gibt 30 g Schachtelhalm auf 1 l Wasser und lässt ihn 24 Stunden ziehen, dann eine Dreiviertelstunde köcheln, abkühlen lassen und etwa 1:5 verdünnt zum Gießen verwenden. Sie können dem Gießwasser auch Effektive Mikroorganismen (EM) zusetzen, die das Wurzelwachstum unterstützen.

Die Pflänzchen rechtzeitig **pikieren**, wenn das Saatgut nicht gleich in kleine Töpfe gesät wurde. Ansonsten müssen nach zwei bei drei Wochen die Pflanzen in größere Töpfe gesetzt werden. Als Pikierwerkzeug ist ein spitzer Bleistift ideal. Damit die Wurzeln lockern, die Pflanzen einzeln in den neuen Topf setzen, die Erde nur leicht andrücken.

An sonnigen Tagen die Pflanzen **abhärten**. Das heißt, immer wieder ins Freie stellen. Zunächst mit dünnem Vlies abgedeckt, damit die zarten Keime nicht verbrennen, später in die volle Sonne. Damit wachsen die Pflanzen kompakt.

Kaum haben die Pflanzen die Kinderstube verlassen, benötigen sie **Nährstoffe**. Daher in die Erde, die zum Umpflanzen verwendet wird, organischen Dünger einarbeiten oder mit Biodünger flüssig nachdüngen. Aber nicht übertreiben. Die zarten Wurzeln verbrennen bei zu viel Dünger schnell.

ABER BITTE NUR GARTELN!

Spricht jemand von Gartenarbeit, dann spürt man oft zwischen den Zeilen die Mühe und Plage. Bei jedem Satz sieht man die Schweißtropfen auf der Stirn, die Schwielen an den Händen und die schmutzigen Schuhe. Plaudert man dagegen mit einem »Gartler«, der von seinen grünen Lieblingen erzählt, von der ersten Brunnenkresse am Teichrand, vom Bärlauch unter der Haselnuss, der mit glühenden Augen von seinem herrlichen Kompost (»wie Walderde«) erzählt, ist von Mühe und Plage nichts zu spüren.

»Erst der Kopf macht aus Arbeit Plage«, hat schon ein alter Lehrer in der Schule immer gesagt – verstanden haben wir es damals als junge Menschen nicht. Aber heute weiß ich – es kommt darauf an, wie man die Sache angeht, was man rundherum sieht: die Schönheit, die Blüten, den Genuss. Oder den Schweiß, die Schwielen oder vielleicht gar den Neid, weil ein anderer ein wenig mehr hat. Für mich sind die Stunden im Garten immer Erholung. Ja, ich geh sogar so weit und sage: »Eine Stunde garteln ist wie ein Tag Urlaub!«

»Wie nehmen wir ihn denn?«, hat schon Hans Moser legendär in seinem »Hallo Dienstmann« gesagt. Mein Appell bevor der Frühling ins Land zieht: Nehmen wir es leicht, vergessen wir die Gartenarbeit und machen das, was Spaß macht: Gehen wir garteln und vergessen die Gartenarbeit!

Zehntausende (ja, tatsächlich so viele) waren schon bei meinen Vorträgen und viele schreiben mir via Facebook und E-Mail oder erzählen bei einem Treffen im Gartencenter oder beim Gärtner: »So viel Spaß hab ich noch nie gehabt. Auch wenn das Wetter nicht passt – ich nehme es, wie es ist«. Und: » … den ersten Vogerlsalat genießen wir schon!« So geht's leicht – garantiert.

DIE DREI LÄSTIGSTEN UNKRÄUTER

Naturgärtner hören die Bezeichnung Unkraut nicht gerne und nennen es lieber Wildkraut oder Beikraut … Aber – ganz ehrlich – es gibt schon so manches Kräutlein, das dem Gartler die Haare zu Berge stehen lässt. Hier sind die lästigsten Unkräuter und Tipps, warum sie gerade hier wachsen – und warum man manche dennoch wachsen lassen sollte.

Giersch, auch Erdholler genannt: Er zählt mit Sicherheit zu den lästigsten Unkräutern, weil er sich durch unterirdische Ausläufer ausbreitet – und das nicht nur im Schatten, sondern er wuchert auch im humosen, sonnigen Staudenbeet. Gegenmaßnahme: Boden mit Kompost versorgen und gut mulchen (z. B. mit Rasenschnitt, Rindendekor und Holzfaser). Damit wird die Erde locker und die Wurzeln sind leichter zu entfernen. Unter Sträuchern dicken Verpackungskarton auflegen oder den Boden mit Rindendekor abdecken, dann erstickt der Giersch.

Ackerschachtelhalm: Staunasse, verdichtete, saure Böden sind die Böden, auf dem der praktisch unbekämpfbare Ackerschachtelhalm gedeiht. Mit seinen Ausläufern, die bis zu 90 cm in die Tiefe gehen, ist er sogar resistent gegen die härtesten chemischen Unkrautvernichtungsmittel. Wenig Erfreuliches, daher gilt das Motto für die Betroffenen: »Lerne den Schachtelhalm lieben …«.

Zaunwinde: Immer dort, wo sie nur unter großen Schwierigkeiten zu entfernen ist, da gedeiht sie: Rosen gehören zu den bevorzugten Kletterobjekten. Sie wächst praktisch überall – ist also keine typische Zeigerpflanze. Im humosen, lockeren Boden sind die endlosen Wurzeln aber zu entfernen. Karton hilft auch hier.

OBEN Löwenzahn ist kein Unkraut, wird aber manchmal lästig. Komplett mit Wurzel ausgraben, auch Teilstücke wachsen wieder.

> **TIPP**
>
> ## Vogelmiere: einfach essen!
>
> Die Vogelmiere ist die Zeigerpflanze für den gesunden, humosen, lockeren Boden – oft tritt sie in Begleitung mit einer Kompostgabe auf. Man kann den »Heanadarm« – wie er landläufig genannt wird – zum »Fressen« gern haben, denn er ist ein köstlicher Salat und schmeckt wie Mais.

ZEIT ZUM SCHNEIDEN

Der Rückschnitt von Gehölzen und Stauden ist eine der wichtigsten Maßnahmen, um die Pflanzen vital und gesund zu erhalten. Schneidet man (Obst-)bäume und Sträucher falsch oder gar nicht, dann vergreisen sie und werden nach einigen Jahren kaputtgehen.

Hier wird kräftig geschnitten: Sommerflieder (Schmetterlingsstrauch) um gut zwei Drittel zurückschneiden. Auch der Holunder wird stark geschnitten – er blüht auf den einjährigen Trieben. Ebenfalls kräftig geschnitten wird Wein (Tafeltrauben); zurückbleiben die Vorjahrestriebe mit drei bis vier Augen. Auch im Staudenbeet werden die abgefrorenen und vertrockneten Teile nun bodeneben abgeschnitten. Laubhecken, die kräftig reduziert werden sollen (Hainbuche, Liguster etc.) können nun auch geschnitten werden. Clematis, die im Spätsommer oder Herbst blühen, werden bis auf

MEINE HECKE HAT BRAUNE BLÄTTER

Die Farbe der Blätter zeigt meist sofort, um welche Probleme es sich handelt. Gelbe Blätter sind häufig das Zeichen für einen Düngermangel. Braune und schwarze Flecken bedeuten oft Staunässe – aber nicht immer …

… und wieder hat meine schöne Kirschlorbeerhecke braune Blätter … Ich reiß' sie im Frühling aus!

Plo: Nein! Nicht verzweifeln! Kirschlorbeer benötigt so wie alle anderen immergrünen Pflanzen auch im Winter Wasser!

Soll ich also jetzt gießen?

Plo: Ja! An frostfreien Tagen wirklich ausgiebig gießen. Vor allem dann, wenn die Pflanzen in Trögen gezogen werden.

Was mach ich mit braunen Blättern im Frühjahr?

Plo: Alles Braune entfernen und eventuell gleich stark zurückschneiden. Die Pflanzen treiben wieder kräftig durch!

30 cm geschnitten – die frischen Triebe bilden die neuen Blüten. Und bei den Hortensien wird nur die Schneeballhortensie ('Annabelle') kräftig geschnitten. Herbsttragende Himbeeren komplett zurückschneiden.

Sanfter Schnitt ist sinnvoll: Obstbäume können bis in den April hinein geschnitten werden. Gerade die besonders stark wachsenden Bäume werden so im Wachstum gebremst. Aber niemals mehr als ein Drittel der Äste ausschneiden – das würde nur ein noch stärkeres Wachstum verursachen. Möglichst so schneiden, dass waagrechte Äste zurückbleiben. Sie bilden im kommenden Jahr Blüten und Früchte. Sommerblühende Clematis um gut die Hälfte reduzieren, sie blühen auf den vorjährigen und den neuen Trieben.

Hände weg von der Schere: Keine Sträucher schneiden, die im Frühjahr blühen, z. B. Forsythie oder Flieder. Man würde die Blüten wegschneiden. Nach der Blüte kann hier (dezent) geschnitten werden. Rhododendren und Azaleen nicht schneiden, auch die Gartenheidelbeeren bleiben weitgehend ungeschoren. Hier werden nur alle paar Jahre einige der ältesten Triebe herausgeschnitten, damit sich die Pflanze verjüngt.

NEID KOMMT VON SELBST

Egal wie das Wetter ist – treffen sich in Frühlingstagen Blumen- und Gartenliebhaber, dann gibt's nur ein Thema: Es kribbelt schon. Dann wird über Pläne und Ideen diskutiert, wie der Garten heuer aussehen wird, was angebaut wird und vor allem welche neuen Sorten man entdeckt hat. Quer durch alle sozialen Schichten geht dieses Phänomen – vom Generaldirektor bis zur Bäuerin, vom Handwerker bis zum Primar. Garteln ist und bleibt der Volkssport Nummer eins.

Die wenigen Nichtgärtner schütteln den Kopf und können es gar nicht verstehen. Die Mühe, die Arbeit, der Schweiß – unfassbar. Gleichzeitig kommt aber Neid auf, wenn die Frühlingsgärten mit Schneeglöckchen, Krokussen und Narzissen erblühen. Wenn sich der zarte Duft im grünen Paradies breitmacht. Dieser Neid passt in unsere Zeit. Diejenigen, die mit vielen Schweißtropfen etwas leisten, werden nicht bewundert, sondern oft als dumm hingestellt. Wozu die Arbeit? Geht doch auch bequemer! So sehr Leistung in unserer Gesellschaft zählt, geschätzt wird sie nur selten.

Aber schon Wilhelm Busch hat es erkannt und meinte: »Neid ist die höchste Form der Anerkennung«. Dem kann man nur beipflichten und sich über viel Neid freuen. Die Schweißtropfen, die beim Pflanzen der Tausenden Blumenzwiebeln vergossen wurden, sind längst vergessen, wenn der Neid der Gartenzaunschauer über einen herfällt. »Wirklich toll der Garten«, heißt es dann oft. » … aber die viele Arbeit – um die bin ich nicht neidisch«. Um die Arbeit ist niemand neidisch, aber um die Blütenpracht. Daher wird auch heuer wieder gepflanzt …

Den Neid werden wir sicher ernten.

DIE FLOTTESTEN BLÜHER

Im Herbst gepflanzt und im Frühjahr schon eine Pracht: die Blumenzwiebeln. Ob Schneeglöckchen, Krokus oder Narzisse, ob Tulpe oder Zierlauch – sie alle haben nur zwei Wünsche: Dünger und genügend Zeit, um Kraft fürs kommende Jahr zu sammeln.

Daher gilt generell für alle Zwiebelpflanzen: Erst nach dem Einziehen (also dem Vertrocknen) dürfen die Blätter entfernt werden. Sie sammeln nämlich die Nährstoffe für eine Blüte im kommenden Jahr. Bei Krokus, Schneeglöckchen und vielen anderen zeitigen Frühjahrsblühern ist das meist kein Problem. Narzissen brauchen jedoch oft bis in den Juni hinein, ehe die Blätter gelb werden und vertrocknen. Bei ihnen ist, genauso wie beim Zier-

OBEN Frühlingsgruß: Blumenzwiebeln in Töpfe gepflanzt, lassen sich hervorragend farblich und der Höhe passend arrangieren.

lauch, die alljährliche Düngung am wichtigsten. Narzissen sollten z. B. bereits zum Zeitpunkt des Austreibens mit organischem Dünger versorgt werden. Und auch beim Zierlauch streut man schon im zeitigen Frühjahr kleine Mengen Biodünger rund um die Blattrosetten. Sind die Blumenzwiebeln in einer Blumenwiese gepflanzt, dann sollte man nur sehr sparsam und punktuell rund um die Zwiebelblumen düngen. Generell düngen darf man ja eine Blumenwiese nicht, sonst ist es mit den Blüten vorbei.

TIPP

Tulpen lieben Trockenheit

Während viele Narzissen und Zierläuche nicht mehr blühen, weil sie zu wenig gedüngt wurden, ist es bei den Tulpen meist ein wenig anders. Diese Zwiebelblume benötigt (nur!) im Sommer eine Trockenphase. Sie kommt ja ursprünglich aus der Türkei und wird dort in den heißesten Monaten »ausgebacken«. Steht sie bei uns in einem Beet, das im Sommer ständig gegossen wird, dann wird sie nicht zu Blüte kommen. Daher Tulpenzwiebeln an feuchten Standorten lieber ausgraben und im Keller trocken lagern.

DEM WETTER EIN SCHNIPPCHEN SCHLAGEN

Milde Frühlingstage laden zum Garteln ein, doch wie so häufig in dieser Jahreszeit ändert sich das Wetter sprunghaft. Und während wir wieder gemütlich bei einer heißen Tasse Tee geschützt im Haus sitzen, tobt im Garten ein kalter Westwind mit Schneeflocken. Das Frühbeet schafft aber ein Kleinklima, das deutlich frühere Ernten erlaubt.

Als althergebrachtes Mistbeet war es im Bauerngarten über Jahrhunderte ein Hilfsmittel, um die Ernte deutlich zu verfrühen. In vielen Varianten ist es nun auch für den Hausgarten verfügbar.

Frühbeet mit »Mist-Heizung«: Bei diesem traditionellen Beet wird im Herbst die Erde gut 50 cm ausgehoben und mit Laub gefüllt. Im Februar kommt das Laub heraus und frischer Pferdemist wird 30 cm hoch eingefüllt, festgetreten und mit heißem Wasser angegossen. Mit Pflanzerde auffüllen und nach zwei Wochen bepflanzen.

Frühbeet mit Heizkabel: Die technische Variante des Mistbeetes. Dafür wird das Beet 40 cm ausgehoben, das Heizkabel eingelegt mit Drahtgitter (als Schutz) überdeckt und mit Erde aufgefüllt. Thermostat nicht vergessen.

Frühbeet ohne Technik: Diese Varianten sind meist aus Doppelstegplatten gefertigt. Man kann hier nicht ganz so früh mit der Aussaat beginnen, die Erde erwärmt sich aber schneller, als man denkt. Wem ein Frühbeet zu aufwendig ist, kann mit Vliesen und Folien (Seite 37) sein Gemüse schützen.

NAMENSVERWIRRUNGEN

Das Schneeglöckchen – mit botanischem Namen Galanthus – kennt wohl jeder. Da und dort gibt es aber Verwirrungen, denn die Frühlingsknotenblume wird in Österreich von vielen ebenfalls als Schneeglöckchen bezeichnet. Das Schneeglöckchen steigt dann in den Rang des »echten« Schneeglöckchens auf. So weit, so gut.

Bei einer Gartenmesse gab es vor einigen Jahren die deutsch-österreichische Sprachverwirrung. Nicht umsonst heißt es ja: Die Sprache ist das, was uns von den Deutschen am stärksten trennt. Damals hatte der Chefredakteur einer Biogartenzeitschrift für seinen Schaugarten Märzenbecher bestellt – kein Problem, dachte ich mir, und so standen 100 Töpfe mit den entzückenden kleinblütigen 'Tête-à-Tête'-Narzissen bereit.

Der Chefredakteur pflanzte und pflanzte, bis er zu mir kam und wissen wollte, wann endlich seine Märzenbecher für die Frühlingsblumenwiese kämen? Ein ungläubiger Blick von mir verriet die Verwirrung: »Hier stehen sie!«. »Nein, nicht die Narzissen, sondern die Leucojum«, entgegnete der Chefredakteur von Botaniker zu Botaniker. Da war alles klar: Die Frühlingsknotenblume war gemeint, das »falsche« Schneeglöckchen … Die waren freilich nicht mehr aufzutreiben und so wurde die Blumenwiese für die Österreicher genau das, was im Plan stand: »Wiese mit Märzenbecher«.

Daher hat der botanische Name seine große Bedeutung. Ob auf Gartenreise in England oder bloß beim Sprung über die Grenze in Deutschland.

Mit dem offiziellen Namen aus dem »Zander« (das ist die Bibel für diese Pflanzennamen und hat nichts mit dem köstlichen Speisefisch zu tun) kommt man weltweit ans Ziel. Auch bei einer deutsch-österreichischen Sprachenverwirrung.

ERSTFRÜHLING
März – April

JETZT GEHT'S SO RICHTIG LOS

Blüht die Forsythie dann ... »werden die Rosen geschnitten«, lautet oft die Antwort bei Vorträgen im Chor der Besucher. Diese Zeigerpflanze hat sich bei vielen eingeprägt. Dass nicht nur die Rosen unters Messer kommen, sondern dass mit Beginn des **Erstfrühlings** (die zweite der phänologischen Jahreszeiten) auch das Garteln so richtig losgeht, darf nicht übersehen werden. Wer »im Takt der Natur« gartelt, erlebt in diesen Monaten ein Feuerwerk an Blüten und Veränderungen im Garten. Über Nacht duftet es nach Frühling und so beginnt das emsige Treiben. Aber nicht nur Gärtnerin und Gärtner sind aktiv, auch die Tiere kommen im Erstfrühling so richtig in Schwung. Nützlinge und Schädlinge gleichermaßen.

CHECKLISTE FÜR DEN ERSTFRÜHLING

ALLGEMEIN

* Im gesamten Garten den **BODEN VORBEREITEN**, lockern, mit Kompost versehen und sofort mulchen. Dann hat das Unkraut kaum Chancen, weil viele der Unkräuter Lichtkeimer sind.
* Aufmerksam sollte man sein und **SCHÄDLINGE** wie den zunächst als Larve im Boden lebenden Dickmaulrüssler (Seite 57) rechtzeitig bekämpfen.
* Der Start in den Frühling beginnt bei mir mit der Aussaat auf der Fensterbank (Seite 12) und im **GEWÄCHSHAUS** (Seite 34). Dort stehen sie dann Tasse an Tasse am mit Heizkabeln gewärmten Sandbeet. Nach dem Pikieren wird in Töpfe gesetzt – das mache ich bei Blumen genauso wie beim Gemüse.

ZIERGARTEN

* Der **ROSENSCHNITT** (Seite 32) ist nun die Hauptaufgabe: Alle Beetrosen werden stark geschnitten; bei Kletterrosen und Strauchrosen schneidet man nur abgefrorene und abgestorbene Äste aus. Alte, historische Rosen und vor allem auch Wildrosen, ebenso wie die Rambler-Rosen nicht schneiden. Sie blühen nur auf den vorjährigen Trieben.
* Die Knollen und Zwiebeln von **DAHLIEN**, Gladiolen, oder Lilien kommen nun in die Erde (Seite 28).
* Zeit für die **RASENPFLEGE** (Seite 30). Noch nicht vertikutieren (erst nach dem zweiten Mähen), aber nun Biodünger streuen und ausrechen.
* Alte Äste von Sanddorn, Haselnuss oder anderen Gehölzen als **STÜTZE** zwischen die Pfingstrosen

Erstfrühling

* **FRÜHLINGSBEPFLANZUNG** (Seite 39): Besonders rasch bunt werden Balkon, Terrasse oder auch Gartenteile, wenn man nun Töpfe mit Frühlingsblühern bepflanzt. Ich setze sie immer in kleine Töpfe und arrangiere sie dann wie einen Blumenstrauß. Ist etwas verblüht, werden die Zwiebelblumen im Garten fürs kommende Jahr ausgepflanzt.

NUTZGARTEN

* Viele **KRÄUTER** können nun schon ins Freie gesetzt werden: Schnittlauch, Petersilie, Rosmarin, aber auch alle Minzen sind äußerst robust.
* **AUSPFLANZEN** von Pflücksalaten, Radieschen, Karotten, Petersilie, Spinat, Steckzwiebeln. Gegen Ende April beginnt das Vorziehen von Gurken, Zucchini und Zuckermais.
* In den letzten Jahren sind **HOCHBEETE** (Seite 128) besonders beliebt geworden. Wer im Herbst noch nicht begonnen hat, eines anzulegen, der sollte es jetzt machen. Das Wachstum in so einem Beet ist viel stärker, weil sich die Erde rascher erwärmt.
* Ob im Beet, im Topf oder im Sack – **KARTOFFELN** (Seite 42) werden jetzt gepflanzt. Bis die empfindlichen Triebe aus der Erde kommen, gibt es keine Fröste mehr. Zur Vorsicht aber Vlies bereitlegen.

und andere **STAUDEN** stecken. Die Pflanzen wachsen dann durch diese Stützen und sind stabil.
* Wer **BÄUME** oder **STRÄUCHER PFLANZEN** will, für den ist es nun höchste Zeit, vor allem dann wenn man sogenannte wurzelnackte Pflanzen wählt. Sie sind deutlich billiger, diese kann man aber nur setzen, solange kein Laub gewachsen ist.
* **FRÜHLINGSBLÜHER DÜNGEN**. Wer es noch nicht gemacht hat – jetzt ist höchste Zeit, die Blumenzwiebeln zu düngen (Seite 19).
* Damit im kommenden Jahr die **RHODODENDREN** (Seite 56) wieder blühen, werden sie zweimal gedüngt. Sechs Wochen vor der Blüte – also in diesen Tagen – und gleich nach der Blüte.

TOPFGARTEN

* **ROBUSTE KÜBELPFLANZEN** können nun schon ins Freie – allerdings immer an einen geschützten Platz, denn es kann noch sehr kalt werden. Robust sind Oleander, Lorbeer und Olive. Vorsicht vor Sonnenbrand – die grünen Blätter sind nun empfindlich, so wie unsere Haut nach dem langen Winter.
* **ÜBERWINTERTE BALKONBLUMEN** (z. B. Pelargonien, Fuchsien, Wandelrösche) abhärten und möglichst hell und kühl aufstellen.

So leicht geht das Kompostieren!

Es ist wohl über kein Thema mehr geschrieben worden als über das Kompostieren. Alleine in meiner Bibliothek stehen mehr als 50 Bücher, die sich ganz oder teilweise diesem Thema widmen. Dabei ist es viel leichter, als manche meinen. Seit mehr als 35 Jahren praktiziere ich bereits mein System, das kaum Arbeit macht und hervorragende Komposterde liefert.

Der Standort: Eine halbschattige Stelle, am besten hinter einem großen Strauch oder unter der Krone eines Baumes, direkt auf Mutterboden geschichtet, ist ideal. Falls genügend Platz vorhanden ist, wird der Kompost in Walmform aufgeschichtet – wie bei einem Hügelbeet. In kleinen Gärten verwendet man (luftige) Kompostsilos aus Holz oder Kunststoff im Ausmaß von 1×1 m.
Vergessen Sie nicht: Es muss unbedingt genügend Platz für zwei Kompostwalme oder Silos sein – einer wird beschickt, der zweite ruht.

Die Zutaten: Alles aus Haus und Garten, das organischen Ursprungs ist, kommt auf den Kompost. Dennoch gibt es Einschränkungen: Niemals dürfen auf den Heimkomposthaufen Knochen, Fleisch oder gekochte Speisereste geworfen werden. Das würde sehr rasch zu einer Invasion von Ratten führen.

Kein Gestank: Für viele ist es kaum zu glauben, dass in meinem fast 3000 m^2 großen Garten kaum gehäckselt wird und dass das konsequente Kompostsieben auch nicht stattfindet. Alle holzigen Teile bis zur Stärke eines (Männer-)Daumens werden auf den Walm geworfen. Die Erfahrungen haben nämlich gezeigt, dass die größten Probleme durch zu stark zerkleinertes Material entstehen. Zu Fäulnis und damit großen Geruchsproblemen kommt es nur, wenn Nässe und Luftmangel aufeinandertreffen. Und so wird alles Kompostierbare bunt gemischt aufeinandergeschichtet. Als Abdeckung kommt immer wieder eine dünne Schicht Rasenschnitt – nie mehr als 15 cm.

Mist oder Hornspäne: Der gute alte Kuhmist (nur vom Biobauernhof!) wird im Garten nicht mehr im Herbst auf den Beeten eingestochen, sondern kommt zuerst auf den Komposthaufen – als eine etwa 15–20 cm dicke Schicht. Vererden ist ein Geheimnis der Biogärtnerei. Steht kein Rindermist zur Verfügung, dann verwende ich Hornspäne. Mehrere Handvoll werden von Zeit zu Zeit eingestreut. Diese tierischen Dünger sind stark stickstoffhaltig und wichtig für den raschen Abbau der holzigen Materialien zu Komposterde.

Das Finale: Ein Jahr lang wird der Kompost »beschickt«: Im nächsten Frühjahr kommt dann der Abschluss mit einer Schicht Rasenschnitt. Anschließend werden die Kürbisse gepflanzt und nun heißt es abwarten, denn nun arbeiten die Mikroorganismen auf Hochtouren. Und wenn alles klappt, gibt es nicht nur viele Kürbisse, sondern ab Ende September dunkle, nach Walderde duftende Komposterde. Freilich finden Sie darin noch einige unverrottete Holzteile. Die werden aber beim Ausbringen der Erde herausgelesen und kommen auf den in der Zwischenzeit nebenan entstandenen zweiten Komposthaufen. Diese holzigen Impfstoffe fördern dort die Verrottung.

> **TIPP**
>
>
>
> ### Das kann auf den Kompost
>
> In einem Biogarten geht nichts verloren. Alle organischen Abfälle werden wieder zu Humus, der dann die Pflanzen mit Nährstoffen versorgt.
>
> **Aus dem Garten:** Laub, Rasenschnitt, abgeschnittene Blütenstauden, Stroh, Jätgut, Pflanzenabfälle, Äste, Rasensoden, Sägespäne, Reisig.
>
> **Aus dem Haus:** alte Erde aus Blumentöpfen und Balkonkästen, Schnittblumen, Wollreste, Federn (nur in geringen Mengen), Haare, Wolle (Schaf- oder Baumwolle).
>
> **Aus der Küche:** Gemüse und Obstreste (auch Orangen-, Zitronen-, Bananenschalen in Haushaltsmengen), Kaffee- und Teefilter.
>
> **Zuschlagstoffe:** Rindermist, Hornspäne, evtl. Düngekalk, Algenmehl und Gesteinsmehle.

DIE ZWIEBELBLUMEN DES SOMMERS

Tulpen, Narzissen und viele andere Zwiebelblumen zaubern jedes Frühjahr Farbe in den Garten, es gibt aber auch herrliche Zwiebelblumen, die im Sommer blühen. Dazu gehören Schönheiten wie Dahlien, Canna, Gladiolen, Lilien oder Monbretien. Sie alle werden im Frühling gepflanzt.

OBEN Im Sommer erwachsen herrliche Blüten aus den dicken Dahlienknollen. Besonders große kann man im Frühjahr teilen.

Mein persönlicher Fahrplan für eine tolle Dahlienblüte sieht so aus: Gegen Ende März werden die Dahlienknollen in größere Töpfe gepflanzt und vorgetrieben. Am besten in vollem Licht an einer geschützten Stelle. Wichtig: bei Frost ins Haus holen! Als Erde verwendet man ein Gemisch aus Garten- und Komposterde mit ein wenig Hornspänen. An den endgültigen Standort kommen die Dahlien dann ab Anfang Mai, wenn die Gefahr von Frösten vorbei ist. Zur Sicherheit aber immer ein Vlies (doppellagig) zum Abdecken bereithalten. Wer große Blüten bevorzugt, sollte die Seitentriebe entfernen. Wer einen buschigen Wuchs wünscht, der sollte den Mitteltrieb ausbrechen. Und unbedingt von Beginn an einen Pflanzstab zu den Dahlien stecken und sie festbinden. Mit dem Düngen sollte man sich während des Wachstums zurückhalten. Hornspäne oder ein anderer organischer Langzeitdünger, der zu Beginn gegeben wird, reicht aus und lässt die Pflanzen kompakt wachsen. Im Herbst vor den ersten Frösten mit Vlies schützen, dann verlängert sich die Blüte deutlich! Nach dem ersten richtigen Frost (Blätter sind dann schwarz) nimmt man sie wieder aus der Erde. Vorsicht: Die »Zehen« der Knollen sind sehr lichtempfindlich, daher nicht an der Sonne trocknen lassen. In Sand oder Holzspänen eingeschlagen überwintern – bei ca. 5–8 °C – so entsteht keine Fäulnis. Vergessen Sie nicht, die Knollen zu beschriften!

WACHSENDE, MÄNNLICHE BEGEISTERUNG

Die Gesprächsthemen beim Mittagstisch in der Kantine passen sich der Jahreszeit an. Dauerthemen sind bei männerdominierten Runden der Sport, dann – geschlechterübergreifend – das Wetter (neben beruflichen Alltagsgeschichten) und der Garten. Gerade da werden so manche Männer im Frühling von kindlichem Entdeckerdrang infiziert.

»Meine Marille«, murmelt der Jungfamilienvater, »die blüht schon«. Und wie in einem Stakkato kommen von allen Seiten nun die naturwissenschaftlichen Beobachtungen: »Letzte Woche noch keine einzige Narzissenblüte und jetzt ist alles gelb«. »Und mein Salat erst! Der ist schon bald fertig zum Ernten«, ergänzt der Neogemüsegärtner mit neu gebautem, aus Beton errichtetem Hochbeet mit aufgesetztem Frühbeettunnel. Das sind die Frühlingsgefühle, die auch im Job Lust aufs Garteln machen. Gespräche, die noch vor wenigen Jahren als »gar nicht männlich« beinahe undenkbar gewesen wären.

Und schon werden die Geheimtipps ausgetauscht oder neue Überlegungen angestellt, wie was im Garten gebaut, umgebaut oder renoviert werden könnte. Weil Männer eben gerne bauen, werden die Projekte des Jahres diskutiert. Einer errichtet eine Trockensteinmauer, ein anderer einen kleinen Bachlauf. »Mein Quellstein kommt direkt zur Terrasse«, ergänzt der Neogärtner – wegen des besseren Klimas und der feuchteren Luft. Und der Naturgärtner in der Runde, der sich bisher ganz zurückgehalten hat: »Ich lass den Laubhaufen liegen, denn da versteckt sich schon der Igel«. »Du baust keine Holzumrahmung?«, die Frage mit entsetztem Gesichtsausdruck. »Nein«! Er lässt die Natur, Natur sein und genießt den Garten. Ganz ohne Betonmauer, Holzplanken oder Stahlrohrkorsett. So geht's auch! Genuss ohne Baustelle!

SO WIRD DER RASEN WIEDER GRÜN

Ein makelloser Rasen, wie man ihn von englischen Landhausgärten kennt – davon träumen viele Hobbygärtner. Obwohl mir persönlich Rasenflächen mit Gänseblümchen, Veilchen oder Kriechendem Günsel auch gefallen, haben perfekte Rasenflächen ebenso ihren Reiz. Für mich aber nur dann, wenn sie ganz biologisch gepflegt werden. Und zwar so:

Boden aktivieren: Nur ein lebendiger, krümeliger Boden sorgt für kräftiges Wurzelwachstum. Damit man das erreicht, bringt man zu Beginn der Saison einen Bodenaktivator auf (Streuwagen!). Das geht schon, wenn der Rasen noch im Winterschlaf ist.

Rasen düngen: Alles, was dem Regenwurm schmeckt, kommt auf den Rasen – daher nehmen wir einen organischen (»bio«) Rasendünger, gern auch gleichzeitig mit dem Aktivator. Auch hier gilt: Streuwagen einsetzen und in der Querrichtung streuen, dann gibt es keine Flecken.

MEIN GEHEIMTIPP
So werden Kahlstellen saniert

* Wenn Kinder den Rasen im Garten zum Spielplatz machen oder ein Gartenfest den Rasen ramponiert hat, dann ist die Rasenfläche meist nur ein Acker. Saniert werden die »Glatzen« entweder konventionell: Auflockern, (Qualitäts-)Saatgut einstreuen, gut festtreten und ausreichend wässern. Oder man nutzt sogenannte »Rasenpflaster« oder »Rasenpads«. Sie enthalten neben Saatgut auch Erde und (Kunst-)Dünger. Das wirkt perfekt, ist aber deutlich teurer. Egal wie Sie reparieren: Das Wichtigste ist, die Saatflächen für die nächste Zeit feucht zu halten.

Zweimal Mähen: Der Rasen beginnt nun wieder zu wachsen und wird gemäht – so wie es sich gehört auf 4 cm Länge – niemals kürzer, sonst kommt das Unkraut, denn nur wuchskräftiges Gras hat die Kraft, die Beikräuter zu unterdrücken.

Vertikutieren: Nach dem zweiten Mähen (bei dem etwas kürzer gemäht wird), kommt erst der Vertikutierer zum Einsatz. Denn nun haben die Gräser genug Wurzeln, um nicht ausgerissen zu werden. Das Moos und der Filz können kompostiert werden.

Quarzsand und Kompost aufbringen: Bei schweren, verdichteten Böden eine dünne Schicht Rasenquarzsand oder scharfen Flusssand, eventuell gemischt mit gesiebtem Kompost, auftragen. Das ist Power für die Wurzeln und macht den Boden durchlässig – jährlich wiederholen.

Nachsäen: Sind viele Kahlstellen vorhanden, wird nun mit Qualitätssaatgut nachgesät (siehe auch Tipp oben). Billigsaatgut ist nicht hitzefest und bildet keinen dichten Rasenteppich.

Heuer noch zweimal düngen: Und gleich vormerken: Ende Juni und im Oktober wird noch einmal gedüngt. Damit sind die Gräser so kräftig im Wachstum, dass sie Unkraut unterdrücken. Im Herbst dafür eventuell einen speziellen Herbstdünger verwenden, der enthält viel Kalium, das die Gräser frostfest macht.

ROSEN SCHNEIDEN – LERNEN VON DEN BRITEN

Sehnsüchtig blicken wir immer wieder nach England, weil wir von den Gärten so begeistert sind. Doch nicht nur optisch und gestalterisch lässt sich etwas lernen, auch in der Pflege. In Great Dixter, einer der Pilgerstätten der Gartenbesucher in East Sussex gelegen, schneidet man die Rosen (und auch andere Gehölze) wie hier beschrieben. Probieren Sie das doch dieses Frühjahr mal aus.

»Fühlen Sie sich in die Pflanze hinein«! Die eindringliche Botschaft, die Fergus Gerrett, der Head Gardener von Great Dixter, immer und immer wieder predigte, ist klar: »Nicht einfach drauf losschneiden«. Egal welchen Baum oder Strauch, egal welche Rose oder Kletterpflanze man schneidet, zuerst heißt es:

Schritt 1: Auf welchem Holz blüht die Pflanze? Blüht sie auf den einjährigen Trieben (wie die Edelrosen) oder auf dem alten Holz (wie die Wildrosen und viele der historischen Rosen)? Fergus rät auch, auf die Rindenfarbe zu achten. Manchmal ist das alte Holz dunkel und das neue hell, manchmal aber auch umgekehrt. Hier heißt es, Erfahrung zu sammeln.

Schritt 2: Alle vertrockneten oder abgefrorenen Zweige entfernen. Das ist mühsam, aber man lernt dabei die Rose sehr genau kennen.

Schritt 3: Das Abgeblühte und die Hagebuttenreste herausschneiden. Auch wenn das manchmal endlos erscheint, fühlt man sich dabei in die Pflanze »hinein«, erkennt ihre Schwachstellen und ihre Stärken, sieht, wo sie Licht braucht und wo sie überschwänglich wächst.

Schritt 4: Alle schwachen Triebe werden entfernt! Auch hier wird die Aufgabe mühevoll. Doch gibt es schon die ersten Einschränkungen, denn »ist der Wuchs insgesamt schwach, muss man manche dünnen Triebe erhalten«.

Schritt 5: Jetzt geht es an die Formgebung. Hier wird darauf geachtet, wie man Licht und Luft in den Rosenbusch bringt. Das gilt aber genauso bei Kletterpflanzen, Sträuchern oder sogar Bäumen. Oft zeigt sich nach den ersten vier Sch(r/n)itten, dass die Pflanze überaltert ist und dringend vitaler wachsen muss. Hier gilt es, ganze Äste bodeneben herauszunehmen und danach gleich mit Kompost und organischem Dünger zu »füttern«. Die Rose beginnt dann, kräftige Triebe zu bilden. Historische und Wildrosen werden aber erst im nächsten Jahr zu blühen beginnen. Also nicht abschneiden und vermuten, dass es Wildtriebe sind!

NICHT NUR DURCH DIE LINSE SCHAUEN

Die neue Digitaltechnik ist schon ein Segen – eben fotografiert und schon kann man das Bild am kleinen Kameramonitor anschauen. Auch das Speichern der Bilder ist gar kein Problem. X-Gigabyte an Daten können selbst in den kleinsten Handys gespeichert werden.

Was waren das nur für Zeiten, als bei 36 Bildern der Spaß zu Ende war … Doch ist es wirklich nur ein Segen? Oft erlebe ich es auf Gartenreisen: Es wird fotografiert, was das Zeug hält, kaum sitzt man im Bus, wird die »Beute« begutachtet und manche kopieren dann schon am Abend auf Laptop oder Tablett und bearbeiten auch noch die Bilder. So gerne ich fotografiere, so herrlich es ist an sprichwörtlichen langen Winterabenden, die Bilder anzusehen, aber ich hab für mich entschieden: Weniger ist mehr. Und ich habe es auch vielen Gartenreisenden ans Herz gelegt. Den Ausflug in einen Garten genießen. Wann immer es möglich ist, Platz nehmen, eine Tasse Tee trinken und die Wirkung des Gartens erleben. Oft genügen zehn oder 15 Minuten und der Kräutergarten mit der kleinen Holzsitzbank wird bei so einer Rast in einem ganz anderen Licht gesehen. Details werden erkannt, der Duft wird wahrgenommen. Und die Kamera bleibt in der Tasche.

In meiner Jugend bin ich oft mit einem lieben Fotofreund auf Pirsch gewesen. Damals, als das Fotografieren noch teuer war, hatten wir nur einige wenige Filme als Munition mit. Und oft war dann die Kamera leergeschossen, als das schönste Abendlicht die Landschaft erhellte. Diese »nie gemachten Bilder« sind die schönsten geworden – sie sind im Kopf gespeichert, korrekt belichtet, nie bearbeitet und jederzeit zum Abrufen bereit.

DER TRAUM VOM GÄRTNERN RUND UMS JAHR

Gewächshäuser zählen zu den gläsernen Paradiesen für Gartenliebhaber. Geschützt vor den widrigsten Wetterverhältnissen, unabhängig von Jahreszeiten und Klimazonen können Hobbygärtner hier ihrer Leidenschaft frönen. Damit es beim Gewächshausbau keine Überraschungen gibt, hier die Antworten auf die sieben wichtigsten Fragen.

Wofür verwende ich das Gewächshaus? Soll es vom Frühling bis zum Herbst für das Vorkultivieren von Blumen oder das Ziehen von Tomaten und Gurken verwendet werden, dann genügt eine einfache Konstruktion aus Fensterglas oder Plastikfolie. Wärmeschutz ist hier nicht notwendig. Will man aber das ganze Jahr über das Gewächshaus frostfrei halten, dann sollte man auf Stegdoppelplatten, Thermoglas oder Polsterfolien setzen. Nur dann sind die Kosten für die Heizung während der Kaltwetterperiode auch erträglich.

Welcher Standort? Der sonnigste Platz des Gartens ist ideal. Kleinere schattierende Laubbäume helfen im Sommer, die Hitze abzuhalten, im Winter kommt trotzdem das volle Licht zu den Pflanzen. Beste Himmelsrichtung Nord-Süd – so kommt an alle Seiten gleichmäßig Sonnenlicht.

Wie heizen? In Zeiten der explodierenden Heizkosten wohl die wichtigste Frage. Nur von Frühling bis Herbst benutzte Häuser lassen sich an extrem kalten Frühlingstagen am billigsten mit elektrischen Heizlüftern frostfrei halten. Als generelle Heizung für Glashäuser, die auch im Winter genutzt werden, bieten sich Gasthermen oder – falls technisch möglich – der Anschluss an die Zentralheizung des Hauses an. Ganz wichtig: ein hochpräziser Thermostat, der schaltgenau die Temperatur einhält. Besonders energiesparend sind übrigens Umluftgebläse, denn die wärmste Stelle des Gewächshauses ist immer im Giebel. Am Boden ist die Kälte. Mischt ein ganz schwacher Ventilator, der permanent läuft, die Luft durcheinander, muss weniger geheizt werden.

Wie lüften? Eine Frage, die sich Neueinsteiger zunächst kaum stellen. Sie fertigen oft aus alten Fenstern geschickt die Selbstbau-Gewächshäuser, vergessen aber ausreichende Lüftungsmöglichkeiten. Ab März kann es – auch bei kühlen Außentemperaturen – im Glashaus bei Sonnenschein 30°C und mehr haben. Im Sommer sind auch 50°C möglich. Daher unbedingt genügend und idealerweise automatische Fenster einbauen.

Wie gießen? Auch eine Frage, die sich Laien oft nicht stellen. Winterfeste Gewächshäuser benötigen einen Wasseranschluss oder ein Regenauffangbecken. Gegossen wird am besten an sonnigen Tagen am Morgen, danach immer gut lüften, damit die Blätter abtrocknen. Nicht zu viel, aber auch nicht zu wenig gießen.

OBEN Im Gewächshaus geht das Gartenjahr nie zu Ende. Allerdings muss man auch immer wieder Schädlinge bekämpfen – hier hänge ich gerade Gelbtafeln gegen die Weiße Fliege auf.

Wie düngen? Im Prinzip gelten hier die Regeln des üblichen Gärtnerns. Wenn man bemerkt, dass das Wachstum startet, sollte wöchentlich flüssig gedüngt werden. Es gibt praktische organische Dünger, die sich dafür eignen. Generell sollte freilich auch schon die Erde in den Beeten und Töpfen mit Hornspänen angereichert werden.

Was tun gegen Schädlinge und Krankheiten? Hier heißt es tatsächlich gut aufpassen, denn Schädlinge breiten sich oft explosionsartig aus. Heute eine Weiße Fliege – in einer Woche ist das ganze Gewächshaus verseucht. Daher immer kontrollieren und punktuell mit Biospritzmitteln vorgehen. Krankheiten lassen sich durch ausreichendes Lüften, richtiges Gießen und nicht übertriebenes Düngen vermeiden.

GEMÜSEZEIT – JETZT WIRD GEPFLANZT

Ja! Ich weiß es. Man sollte immer einen Pflanzplan erstellen – am besten an »langen Winterabenden«. Doch wie ist es wirklich? Der Frühling zieht ins Land, der grüne Daumen juckt und – es wird drauflosgepflanzt. Bei mir nicht anders als bei vielen anderen Sonntagsgärtnern. Und es klappt eigentlich ganz gut. Dennoch: Die ersten Jahre gibt's kaum Probleme, doch plötzlich wollen Petersilie, Gurken, Zwiebel und der Lauch einfach nicht mehr wachsen …

OBEN Die bunte Mischung macht das Garteln auch auf kleinen Flächen wie einem Hochbeet ertragreicher.

Mein Start in das Gartenjahr beginnt immer mit Pflücksalaten, Kohlrabi und Radieschen. Die ersten beiden kaufe ich als Pflänzchen, die würzigen Radies säe ich. Ganz wichtig dabei: Die mit dem kleinen Erdballen gekauften Salate (z. B. Eichblatt, Frisee, Lolo Rosso) werden ganz flach gesetzt, das heißt nur die Hälfte des Erdballens kommt in die Erde. So verhindert man, dass das Herz des Salates faulig wird. Beim Kohlrabi ist das nicht so problematisch. Wichtig ist bei den Radieschen der richtige Abstand – nur alle 1,5 cm sollte man ein Samenkorn einstreuen, dann wird man schon nach wenigen Wochen die knackigen Wurzeln ernten können.

TIPP

Gemüse, das nicht fehlen darf

Pflücksalate (Eichblatt, Lollo Rosso, Lollo Bionda); Ruccola; Kohlrabi (zuerst weiße und blaue Frühjahrssorten und später der Sommerkohlrabi 'Superschmelz', der wird bis zu 1,5 kg schwer und garantiert nicht holzig); Erbsen; Bohnen (z. B. 'Blauhilde'); Porree; Steckzwiebeln.

Der Grund dafür ist ganz einfach: Der Boden ist »müde« geworden. Viele Pflanzen sind selbst unverträglich und dürfen erst nach einiger Zeit wieder an dieselbe Stelle gesetzt werden. Petersilie z. B. sollte erst nach fünf bis sieben (!) Jahren wieder dort gepflanzt werden, wo einmal das würzige Kräutlein wuchs. Alle Kohlgewächse haben, genauso wie alle Zwiebelgewächse, eine Pause von bis zu sieben Jahren nötig, um wieder kräftig zu wachsen.

GUT GESCHÜTZT VOR KÄLTE ODER SCHÄDLINGEN

Einmal herrlichster Sonnenschein und T-Shirt-Wetter, dann wieder ein Wetter zum Verkriechen am Kachelofen. Wir können das halbwegs gut mit unserer Kleidung ausgleichen – aber die Pflanzen? Viele sind an die Witterung angepasst, aber so mancher exotischer Gemüsegast hat damit Probleme. Da haben sich Vliese und Folien gegen die Wetterunbilden und Gemüseschutznetze gegen den einen oder anderen daherfliegenden Schädling bewährt.

So wenig ich Plastik im Garten leiden kann, da bin ich doch froh, dass es diese Schutzdecken gibt. Allerdings immer aufpassen: Nicht alle Vliese sind für jeden Einsatz geeignet.

Vlies: Das dünne, meist weiße Gewebe, ist der ideale Frühlings-Wetterschutz für alle Pflanzen. Bei starker Kälte sollte man das Vlies doppellagig auflegen. Beim Bedecken der Beete die Ränder seitlich mit Erde oder Steinen bedecken, so ist es ausreichend windfest verankert.

Folie: Sie ist der ideale Ersatz für Glas. Sie sollte niemals direkt auf den Pflanzen liegen (im Gegensatz zum Vlies), sondern durch Metallbögen oder Holzlatten im Abstand von gut 20 cm die Beete schützen. Ganz wichtig: Sobald die Sonne kommt, muss gelüftet werden, sonst wird es darunter zu heiß und schädigt die Pflanzen.

Gemüseschutznetz: Ist ein Spezialprodukt zur Abwehr von Insekten, gut luftdurchlässig (im Gegensatz zum Vlies) und kann so auch im Sommer auf den Beeten bleiben. Auch hier gilt: deutlicher Abstand von den Pflanzen, sonst legen die Insekten (z. B. der Kohlweißling) die Eier durchs Gitter auf die Blätter ab. Übrigens: Ganze große, begehbare „Käfige" werden neuerdings verwendet, um Beerensträucher gegen die lästige Kirschessigfliege zu schützen. Diese befällt sonst ab Ende Mai die leckeren Früchte.

OBEN Ein Tunnel mit einem Gemüseschutznetz ist beispielsweise bei Kohlgewächsen eine perfekte Möglichkeit, um den Kohlweißling abzuwehren.

PHANTASIE BEIM PFLANZEN

Es war bei einem Vortrag, als ein junges Ehepaar – vom Gartenenthusiasmus offensichtlich voll infiziert – bei der Fragestunde wissen wollte, wo sie denn eine schöne Platane kaufen könnten. Sie verbänden mit diesem Baum Erinnerungen an die Provence, wo es endlose Alleen gegeben habe.

Die Nachfrage, wie groß denn der Garten sei, endete mit einer Überraschung: Ein Reihenhausgarten soll zur neuen Heimat der Platane werden. »Ich denke, sie werden nicht garteln, sondern Holz machen«, war die etwas freche, aber auf den Punkt gebrachte Antwort. Eine Platane und ein Reihenhausgarten passen einfach nicht zusammen, auch wenn die Junggärtner beteuerten, den Baum jedes Jahr zu schneiden.

Ob ein Garten bequem in der Pflege ist oder doch ein wenig Mühe macht, hängt stark von der Auswahl der Pflanzen ab. Gerade in diesen Tagen, wo sich Tag für Tag Tausende in den Gärtnereien und Gartencentern auf die Suche nach ihren Lieblingen fürs eigene grüne Reich machen, sollte man nicht bloß die bunten Etiketten betrachten, sondern auch den Ratschlag so manches Verkäufers oder Baumschulbesitzers beherzigen.

Selbst im Gemüsegarten heißt die Devise: Weniger ist manchmal mehr (da tue ich mich auch immer schwer), denn wer einmal Mangold gesät hat, glaubt kaum, dass daraus Exemplare werden, die gut einen Viertelquadratmeter einnehmen und alles zudecken, was rundherum wächst. Oder man pflanzt so geschickt, dass die Gemüsepflänzchen, die rundherum stehen, längst im Kochtopf gelandet sind, ehe der Mangold seine ganze Größe erreicht hat. Bei der Platane tue ich mich mit diesem Tipp aber schwer.

MEIN FLIRT MIT DEM FRÜHLING

Gärtnern mit Töpfen ist für mich immer schon eine Leidenschaft. Da kann man im Handumdrehen eine tolle Wirkung schaffen – nicht nur auf dem Balkon und der Terrasse, sondern auch im Garten. Gesehen (und gelernt) habe ich das in einem meiner Lieblingsgärten in England, in Great Dixter. Dort heißt ein großes »Topfblumenbeet« beim Eingang die Besucher willkommen.

> **TIPP**
>
> ### Nicht nur Blüten für ein Jahr
>
> Die Töpfe mit den Zwiebelblumen sind nicht bloß für ein Gartenjahr, sondern werden zum Teil im Garten ausgepflanzt oder im Topf weiterkultiviert. Töpfe mit Lilien, die ich dann im Sommer arrangiere, werden im Topf gut gedüngt und bis zum Einziehen weiterkultiviert.

OBEN In den Töpfen wächst üppige Vielfalt und sorgt für Blickpunkte in meinem Garten. Das Wichtigste aber ist der Duft: Levkojen und Goldlack vereinen Blütenpracht und Duft.

Um so einen Topfgarten zu gestalten, gibt es zwei Möglichkeiten: Man arrangiert im Topf und/oder mit Töpfen. Man wählt große Schalen und Töpfe und pflanzt darin möglichst dicht die vorgezogenen Pflanzen. Teilweise nehme ich dafür im Herbst in Plastiktöpfe gepflanzte Zwiebelblumen wie Narzissen, Tulpen, Hyazinthen oder auch Krokusse und Schneeglöckchen oder ich besorge mir beim Gärtner die vorgetriebenen Pflanzen. Mit dabei ist bei solch großen Töpfen immer ein Blickfang. Das kann ein kleines Gehölz wie eine schwach wachsende Forsythie oder ein kleines Mandelbäumchen sein, manchmal stecke ich aber auch bloß bizarre Äste von einer Korkenzieherhasel oder einer Weide in die Erde. Damit diese großen Töpfe nicht einsam dastehen, kommen nun rundherum kleinere Töpfe, die ich mit nur einer Pflanzenart bestücke. Wie ein Florist werden dann die Töpfe arrangiert – nach Farbe und Wuchshöhe.

EIN KRÄUTERGARTEN IM HANDUMDREHEN

Für mich sind Kräuter nicht nur die Würze in der Küche, sondern auch die Würze im Garten – im doppelten Sinn. Zum einen sorgt der Duft für Attraktivität, zum anderen die vielen interessanten Blattformen und Blüten. Das Schöne an Kräutern ist außerdem, dass man früh im Jahr damit loslegen kann und sie im Beet oder Topf gleich gut wachsen, wenn man Grundlegendes beachtet.

Ob auf dem Balkon oder im Garten: Kräuter sind Sonnenkinder. Je mehr Sonnenschein, desto intensiver sind die ätherischen Öle, die sich in den Blättern bilden. Im Topf oder Beet brauchen Kräuter eine durchlässige Erde – vor allem die mediterranen Pflanzen. Dennoch sollte auf Humus nicht verzichtet werden. Arbeiten Sie im Kräutergarten eine dünne Schicht Kompost oberflächlich ein. Insgesamt sind Kräuter sehr genügsam und dürfen niemals überdüngt werden – auch nicht mit biologischen Düngern. Vor allem die »Kinder des Südens«, wie Salbei, Rosmarin, Thymian, Bohnenkraut oder Lavendel, kommen mit wenig Nährstoffen aus, wachsen kompakter und sind dann auch langlebiger. Küchenkräuter, wie Petersilie oder Schnittlauch, benötigen dagegen ein wenig mehr Dünger – am besten entweder in der Erde in Form von Hornspänen, Kompost oder als Flüssigdünger. Die Erde im Kräutergarten oder auch im Kräuterkisterl sollte immer bedeckt, also gemulcht sein. Bei den Küchenkräutern verwendet man dazu Rasenschnitt, bei den mediterranen Kräutern Kies oder Tongranulat. Viele mehrjährige Kräuter – wie Lavendel, Rosmarin oder Thymian – wachsen nur dann kompakt, wenn sie alljährlich kräftig zurückgeschnitten werden. Ist der Lavendel aber einmal zu groß geworden, dann kann er nicht mehr geschnitten werden, denn er treibt aus dem alten Holz kaum noch aus.

MEINE FAVORITEN

Schnittlauch (Foto ganz unten): Er gehört zu den beliebtesten Würzkräutern in der Küche und wächst im Blumentopf genauso wie im Garten. Er mag halbschattige Standorte mit einer humosen Erde, in die Hornspäne und zerdrückte Eierschalen als Kalkversorgung eingearbeitet werden. Damit die Stöcke Kraft sammeln können, sollte man nach dem 15. August nichts mehr abschneiden.

Petersilie: Petersilie ist im Garten oft ein wenig sensibel: Die Samen keimen nur schwer und werden oft von den Erdflöhen befallen. Der Trick: Saatgut mit Quarzsand mischen und in ein Konservenglas füllen. Etwas befeuchten, verschließen und für einige Tage auf den Heizkörper stellen. Das Gemisch aus Sand und Samen dann in die Saatrillen streuen. Die Keimung erfolgt dann rasch. Anschließend dünn mit Rasenschnitt mulchen, das mögen die Erdflöhe nicht.

OBEN Ein Kräuterbeet liefert nicht nur Würze, sondern ist auch attraktiv. Besonders das dunkellaubige Basilikum darf nicht fehlen.

OBEN Kräuter wollen eine durchlässige Erde. Daher in das Pflanzsubstrat unbedingt Quarzsand und Tongranulat einarbeiten.

KARTOFFELN WACHSEN AUCH AUF DEM BALKON

Erdäpfel – wie wir Österreicher die Kartoffeln nennen – stehen wieder hoch im Kurs. Nicht bloß die Standardsorten, die in jedem Supermarkt zu finden sind, sondern die ganz besonderen Knollen, die violett, rot oder knallig gelb die Blicke auf sich ziehen. Dafür braucht es nicht mal so viel Platz.

Ich empfehle den Kartoffeltopf – er ist für kleine Gärten und den Balkon geeignet und für all jene, die viele unterschiedliche Sorten pflanzen wollen. Ein Topf mit 50 cm Durchmesser ist ideal (es geht auch kleiner und größer). Auf eine Schicht von etwa 15 cm gut durchlässiger Erde (Gartenerde, Kompost, Quarzsand, Hornspäne) legt man je nach Sorte und Größe drei bis fünf Knollen und bestreut sie dick mit Urgesteinsmehl. Dann mit Erde bedecken. Sind die Triebe 10 cm hoch, wieder mit sandiger Erde auffüllen. Das wiederholt sich, bis der Topf komplett gefüllt ist. In den Blattachseln der Triebe bildet die Kartoffel Wurzeln und damit neue Knollen. Nach dem Absterben der Blätter wird der Topf »gestürzt« und geerntet.

> ### TIPP
>
> **Meine Top-Sorten**
>
> **Gelbfleischige:** festkochende 'Linda', 'Heideniere'. **Blaue (oder violette):** 'Blauer Schwede', 'Violetta'. **Rote:** 'Duke of York', 'Mayan Twilight' (gefleckt). **Besondere Wuchsform:** 'Kipfler', 'Bamberger Hörnchen' (winzig), 'La Ratte' (französische Sorte). **Mehlige:** 'Mehlige Mühlviertler'.

OBEN Wer Kartoffeln im Topf anbaut, kann neue oder seltene Sorten ausprobieren, z.B. 'Salad Blue' (unten).

FROSTSCHÄDEN

Spätfröste setzen manchmal unseren Pflanzen ziemlich zu. Vieles, was als absolut winterhart angeboten wird, überlebt die außergewöhnlichen Minustemperaturen nicht. »So etwas gab es noch nie«, heißt es dann oft.

Alte Gärtner – und da zähle ich mich mittlerweile auch dazu – sehen das ein wenig gelassener. Im Prinzip war alles schon einmal da und ein harter Winter schafft wieder Platz für neue gärtnerische Entdeckungen. Auch wenn einem das Herz blutet, dass die herrliche Feige oder das wunderbar duftende Geißblatt nicht oder nur noch bei genauem Hinsehen, wächst.

Vor einigen Jahren ist es mir schon einmal so gegangen: Meine acht gepflanzten Stammrosen waren allesamt abgefroren – trotz Umlegen und Eingraben. Die Zeit war knapp im Frühjahr und so ließ ich die Gerippe, wie ein mahnendes Mal stehen. Dann die Überraschung, plötzlich kamen am Stamm zahlreiche Triebe: Die Unterlage erwachte zum Leben. Als neugieriger Gärtner ließ ich diese wilden Rosen stehen. Und siehe da, sie blühten im kommenden Jahr über und über mit herrlich gefüllten, rosaroten Blüten. Und das Schönste dabei: Sie dufteten betörend. Nach der Blüte gab es Hagebutten und das nun Jahr für Jahr.

Eine andere Rose war nicht so zimperlich – am Rand des Moores gepflanzt war die Sumpfrose, botanisch *Rosa palustris*, in den ersten Jahren kaum sichtbar. Offenbar tankte sie aber Kraft, denn nun tauchen im Umkreis von mehreren Metern Wurzelschösslinge auf – Winter und Spätfrost sind ihnen egal. Würde ich dort nicht mähen, gäbe es bald nur noch ein Rosendickicht. So sind sie, die Rosen: einerseits empfindliche Diven und andererseits doch wieder unzähmbar.

ERDE GUT – ALLES GUT

Der Boden ist die Grundlage für das Wachsen. Es gibt so viele unterschiedliche Böden, aber nicht jeder bietet optimale Wuchsbedingungen für unsere Lieblingspflanzen. Und gerade zum Saisonstart fragt sich manch Gärtner, was er tun kann. Mit etwas Beobachtungsgabe und der richtigen Pflege wird jeder Boden zum Wurzelparadies.

Wer genau hinsieht, kann die unterschiedlichen Bodenverhältnisse auf einem Grundstück oft mit einem Blick feststellen, denn die Pflanzen, die sich dort wild angesiedelt haben, lassen Rückschlüsse auf die Bodenart zu. Egal ob lehmig, tonig, sandig oder kalkhaltig, das Mittel für die Bodenverbesserung heißt »Humus«. Er strukturiert den Boden, versorgt ihn mit Nährstoffen und regt das Bodenleben an.
Sandige Böden: Konsequent Lehm und Kompost einarbeiten, um eine Humusschicht aufzubauen. Bentonit bindet Wasser und Nährstoffe.

PSST! MEIN GEHEIMTIPP
So wächst sich der Boden gesund!

* Gründüngungspflanzen ersetzen Spaten oder Grabgabel, denn sie lockern die Erde, düngen sie und versorgen sie mit viel organischem Material. Beim ersten Mal die Erde oberflächlich aufreißen und die Samen ausstreuen. Sie wachsen rasch, bilden eine schützende Decke und frieren im Winter ab. Dann werden die Pflanzen in den Boden eingearbeitet. Gut geeignet sind z. B. Gelbsenf (niemals vor oder nach Kohl säen), Ölrettich (sehr gut, um schwere Böden zu lockern, z. B. bei Neuanlagen), Bienenfreund (herrlich blaue Blüten, nützlich für Bienen).

Lehmige Böden: Sie sind die besten Böden – vor allem dann wenn sie nach und nach mit Humus angereichert werden. Diese Erde speichert Wasser und Nährstoffe und gibt sie – bei sorgsamem Umgang – wieder ab.

Tonige Böden: Schwere Böden sind kalt, staunass und das Wachstum lässt zu wünschen übrig. Tonige Böden tiefgründig lockern und mit Sand und Humus versorgen. Jedes Jahr mit Kompost versorgen und im Gemüsegarten mindestens fünf Jahre lang im Herbst umgraben.

Saure Böden: Rhododendren, Heidelbeeren, aber auch seltene Orchideen und die typischen Heidepflanzen gedeihen an solchen Standorten prächtig. Will man dagegen Rosen pflanzen, beginnen die Probleme. Durch Gaben von Algenkalk, Kompost und natürlich kalkhaltigem Lehm verbessern.

Kalkhaltige Böden: Sie gehören mit zu den fruchtbarsten Standorten, die es gibt. Kompost einarbeiten und fertig ist die ideale Erde.

TIPP
Welcher Boden im Garten ist, das zeigen einige Pflanzen

Stickstoffreicher Boden: Große Brennnessel, Kletten-Labkraut, Vogelmiere.
Stickstoffarmer Boden: Mauerpfeffer, Wilde Möhre, Hundskamille.
Saurer Boden: Hundskamille, Kleiner Sauerampfer, Blaubeere.
Alkalischer Boden: Leinkraut, Vogelmiere, Ackerstiefmütterchen.
Kalkhaltiger Boden: Hahnenfuß, Kuhschelle, Ackerrittersporn.
Sandboden: Vogelmiere, Königskerze.
Verdichteter Boden: Breitwegerich, Kriechender Hahnenfuß, Gänsefingerkraut.

UNERWÜNSCHTE SCHLEIMIGE GÄSTE

Der wahrscheinlich allergrößte Schädling, der die Hausgärten Jahr für Jahr heimsucht und seit gut drei Jahrzehnten zu den Hauptsorgen der Gärtner gehört, sind die Schnecken. Brutale Bekämpfungsmethoden sollte man nicht zur Gewohnheit werden lassen, sondern versuchen, das Problem durch die richtige Pflanzenauswahl und das Fördern der Gegner zu lösen.

Vor allem die rote Nacktschnecke ist die gefräßigste und verspeist in kurzer Zeit große Mengen an Grünzeug. Ihre Gegner sind Laufkäfer (verstecken sich unter der Laubdecke), Igel, Spitzmaus, Blindschleiche und Ringelnatter. Meist werden zwar nur Schneckeneier und kleine Tiere verspeist, aber es lohnt sich trotzdem, etwas für die Schneckengegner zu tun und somit vorzubeugen. Lassen Sie Laub unter Hecken und Blütensträuchern liegen, denn dort ist der Unterschlupf für Laufkäfer. Gehölzschnitt belässt man am Rande des Gartens, dort kann sich der Igel verstecken. Und Trockenmauern (Steinmauern, die nicht betoniert werden) sind Oasen für Schneckengegner, wie Salamander oder Blindschleichen. Sie können auch schneckenfeste Pflanzen, also welche, die gar nicht oder nur selten von Schnecken angeknabbert werden, für die Gartengestaltung wählen.

Sind die ekeligen Schleimtierchen erst mal da, dann hilft am besten nur das konsequente Absameln am Abend und am Morgen – das bringt zudem Bewegung für den Gärtner. Im Biogarten ist neben dem Absammeln nur das Schneckenkorn auf Eisen-III-Phosphat-Basis zugelassen. Unter dem Namen Ferramol kam es in den Handel. Mittlerweile gibt es viele gleichartige Produkte.

> **TIPP**
>
> ### Pflanzen, die Schnecken nicht gerne mögen
>
> Meine Favoriten sind Schafgarbe (*Achillea*), Eisenhut (*Aconitum*, ist aber auch sehr giftig für Tier und Mensch), Farne (z. B. *Adiantum*, *Anthyrium*), Frauenmantel (*Alchemilla*), Löwenmaul (*Antirrhinum*), Akelei (*Aquilegia*), Astilben (*Astilbe*), Sumpfdotterblume (*Caltha*), Storchschnabel (*Geranium*), Taglilie (*Hemerocallis*), Purpurglöckchen (*Heuchera*), Fleißiges Lieschen (*Impatiens*), Nachtkerze (*Oenothera*), Flammenblume (*Phlox*), Steinbrech (*Saxifraga*), Hauswurz (*Sempervivum*), Kapuzinerkresse (*Tropaeolum*), Ehrenpreis (*Veronica*).

SCHON WIEDER DIE SCHNECKEN

Bevor einen diese Tierchen in den Wahnsinn treiben, geht's zur Not auch mit Hilfsmitteln.

> Ich geb' es auf – heute schon 120 Nacktschnecken gesammelt! Was soll ich tun?

> **Plo:** Wenn vorbeugen und absammeln nicht hilft, verwenden wir ein auf Eisen-III-Phosphat basierendes Mittel. Ist ungefährlich für andere Tiere.

> …und überall liegen dann die Leichen begleitet von grausigen Schleimspuren rum?

> **Plo:** Nein! Die Tierchen ziehen sich in die Erdritzen zurück und gehen dort zugrunde.

> Wann muss ich das denn streuen?

> **Plo:** Es sollte schon jetzt im zeitigen Frühjahr angewendet werden. Da sind die Schnecken noch auf Futtersuche und nehmen die ausgestreuten Körner besonders gerne auf.

> Okay. Ich probier's!

> **Plo:** Wichtig ist das flächige Ausbringen, also am Komposthaufen, auf Blumenwiesen, in Staudenbeeten etc. Viel Glück und nicht verzagen!

WENN ES ANFÄNGT ZU KRABBELN

Diese Gäste kommen meist über Nacht – und das ganz ohne Einladung! Die Schädlinge. Auf dem Balkon, der Terrasse, im Gewächshaus genauso wie im Garten. Vorbeugen ist das A und O im Biogarten, denn wir fördern Nützlinge und greifen nur ein, wenn es unbedingt notwendig ist.

OBEN Die beste Methode sind die natürlichen Feinde, hier »kümmert« sich eine Wespe um die Buchsbaumzünsler-Raupe.

Buchsbaumzünsler: Seit nicht ganz zehn Jahren treibt dieser Schädling die Buchsliebhaber vor sich her. Über Nacht tauchen die Raupen auf und fressen von innen heraus die geliebten Buchskugeln kahl. Wer nicht aufmerksam ist, findet nach wenigen Tagen völlig vertrocknete Sträucher vor. Für den neueingewanderten Schädling gibt es kaum Gegenspieler. Erste Berichte zeigen aber, dass Amseln und andere Vögel die Raupen als Nahrung entdecken. Um ihn zu bekämpfen, verwendet man im Biogarten ausschließlich ein Präparat, das den *Bacillus thuringiensis* enthält (»Xentari«). Vermischt mit Zucker wird es in den Buchs gespritzt – die Raupen verenden in kurzer Zeit. Andere Mittel gehören zur Gruppe der umstrittenen Neonikotinoide (die großen Bienenkiller).

Blattläuse: Sie sind alte Bekannte der Gartenliebhaber, die allerdings meist auf Pflegefehler hinweisen. Bei extremer Witterung und starken Temperaturschwankungen (auch im Gewächshaus) kommt es zu einer explosionsartigen Vermehrung. Eine Vielzahl an Gegenspielern findet man in der Natur – von den Marienkäfern über die Vögel bis hin zu den Ohrwürmern und den Florfliegen reicht die Palette. Daher ist bei einem halbwegs vorhandenen ökologischen Gleichgewicht kein Eingreifen nötig. Bei starkem Befall hilft Schmierseifenwasser (1 EL auf 1 l Wasser plus 1 Spritzer Spiritus) sofort. Nicht vorbeugend anwenden; die Läuse müssen »nass« werden! Zudem gibt es zahlreiche fertige Biospritzmittel im Handel.

Woll- und Schildläuse: Sie treten meist an Kübelpflanzen im Gewächshaus oder im Wintergarten und am Blumenfenster auf. Im Garten werden sie nie zum großen Problem. Neben einigen Käfern fressen Vögel und vor allem die Wespen diese Schädlinge. Um sie zu bekämpfen, sollte man als ersten Schritt die befallenen Pflanzen mit Schmierseife »waschen« – also gut mit der Seifenlösung einsprühen und dann mit Wasser waschen. Danach mit den im Handel erhältlichen Mitteln auf Rapsölbasis (mehrmals) einsprühen.

NATUR PUR!

Gärten sind echte Erlebnisplätze – ein Science Center vor der Haustür. Wer mit offenen Augen durch den Garten geht, erlebt hier Tag für Tag das Wunder der Natur – auch wenn wir mit manchen Erscheinungen nicht wirklich gut umgehen können. Mit den Kolonien von Blattläusen, mit den Spinnennetzen, den in der Sonne sich räkelnden Blindschleichen oder den Kröten im Teich.

Für viele sind diese Tierchen ganz und gar kein Problem, weil sie damit schon als Kinder aufgewachsen sind. Ich hab das einmal bei einem Besuch einer Pfadfindergruppe erlebt – hier spürt man wirklich das Leben »mit der Natur« – am ganzen Gelände findet man Insektenhäuser, Ohrwurmverstecke und die ganze Palette an Kräutern, die man im Garten direkt essen kann.

Andererseits gibt es Menschen, die »Eindringlinge« in ihr grünes Paradies generell bekämpfen wollen – und sind sie noch so harmlos. Wenn sich Kolonien von Feuerwanzen an den Baumstämmen in die Sonne legen, läuten bei vielen Gartenbesitzern die Alarmglocken. »Was sind das für Schädlinge?«, lautet dann meist die Frage. Harmlos sind sie, sie treten halt gern im Rudel auf …, heißt es dann von mir; dann die Nachfrage: »Und die sind wirklich keine Schädlinge«? Nein, sie sind keinesfalls ein Problem!

Aber die Sensibiliät steigt – Gifte sind nun wirklich für viele Menschen ein absolutes Tabuthema. Kaufen sie doch welche, fragen sie oft bei mir nach. Ich rate dann eher, die Chemie im Giftschrank zu lassen und die Nützlinge zu fördern. Die so schön trillernden Meisen sind Insektenvernichter der Spitzenklasse. Ein Pärchen vertilgt mit seinen Nachkommen mehr als 25 kg (!) pro Jahr! Und dieses Erlebnis will ich mir nicht entgehen lassen.

VOLLFRÜHLING
April – Mai

DER ERSTE HÖHEPUNKT IM JAHR

Wenn die Apfelbäume blühen, die Kastanienalleen in voller Pracht erstrahlen, wenn Maiglöckchen duften und die Blumenwiesen so richtig prächtig erblühen, dann ist **Vollfrühling**. In milden Gegenden oft schon Mitte April, in raueren Gebieten meist erst Anfang Mai. Dann aber geht's im Garten richtig zur Sache: Jetzt wird alles gepflanzt und ins Freie gestellt, denn große Fröste sollten nun nicht mehr kommen. Im Gemüsegarten werden alle Beete startklar gemacht, auf dem Balkon ersetzen allmählich die Sommerblumen die Frühlingsblüher und die eine oder andere Tomate mischt sich auch schon zwischen die Blütenpracht. Und es duftet nun an allen Ecken und Enden nach Kräutern. Herrlich diese Maitage!

CHECKLISTE FÜR DEN VOLLFRÜHLING

ALLGEMEIN

* Das ist die »heißeste« Zeit für alle Gartlerinnen und Gartler. Trotz aller Euphorie heißt es jedoch immer, auf den Wetterbericht zu schielen. Noch kann es zu **KALTLUFTEINBRÜCHEN** kommen – nicht umsonst gibt's im Mai die berühmten Tage der Eisheiligen.
* Mit selbst hergestellten **PFLANZENSTÄRKUNGS- MITTELN** (Seite 66) können Sie Ihre Pflanzen wappnen gegen die kommenden Widersacher.

ZIERGARTEN

* Alle **STRÄUCHER,** die im Frühjahr geblüht haben (z. B. Forsythie), werden nun zurückgeschnitten, falls notwendig! Immer nur die älteren Äste bodenneben herausschneiden, so wird die Pflanze verjüngt und bleibt kräftig – keinesfalls den »berühmten« Kugelschnitt durchführen.
* **MANDELBÄUMCHEN** und **WEIDENKÄTZCHEN** werden radikal zurückgeschnitten (Seite 59).
* **RHODODENDREN** (Seite 56) werden noch mal gedüngt. Abgeblühte Rhododendrenblüten ausbrechen – bei großen, älteren Exemplaren, kann man das aber vernachlässigen. Braune Knospen an Rhododendren entfernen – hier hat die Rhododendronzikade Eier abgelegt.
* Jetzt ist die beste Zeit, um eine **BLUMENWIESE ANZULEGEN** (Seite 60). Humus komplett entfernen, Boden mit Sand abmagern und danach einfräsen. Nur Qualitätssaatgut verwenden – meist ist zu viel Gras in den Mischungen.

TOPFGARTEN

* **BALKONBLUMENKÄSTEN** und die attraktiven Hanging Baskets (Seite 72) jetzt bepflanzen.
* Große robuste **KÜBELPFLANZEN** kommen nun ins Freie. Aber Oleander & Co. müssen Sie nicht jedes Jahr in frische Erde setzen. Es reicht, wenn die oberste Erdschicht ausgetauscht wird.

NUTZGARTEN

* Den Boden zwischen den Saatreihen immer wieder **MULCHEN** (Seite 54), das hält ihn locker. Je größer die Pflanzen, desto mehr kann gemulcht werden. Als Alternative zum Mulchen eignen sich für Zwischensaaten Kresse, Spinat, Radieschen und Rettich sowie einjährige Kräuter.
* Die Unkrautzeit hat begonnen. Aus den meisten Unkrautpflanzen lässt sich übrigens guter Kompost herstellen.
* Im **GLASHAUS** wollen Gurken und Melonen hohe Luftfeuchtigkeit, Paprika, Tomaten und Auberginen eher trockenere Luft. Auf jeden Fall sollte sie durch einen kleinen Ventilator immer bewegt sein.
* **AUSPFLANZEN** von Kohl, Kohlrabi, Porree, Salaten, Sellerie und Gurken. **TOMATEN** (Seite 68) und Paprika werden nach den Eisheiligen gesetzt. Pflänzchen mit Vlies abdecken. Sellerie bekommt keine Knollen, wenn er einmal der Kälte ausgesetzt war. Bei der Auswahl auf Mischkultur (Seite 62) und die **FRUCHTFOLGE** (Seite 65) achten.
* **BEEREN PFLANZEN UND PFLEGEN** (Seite 70): Johannisbeer- und Stachelbeersträucher blühen und benötigen ausreichend Feuchtigkeit. Vorsichtig gießen und gut mulchen – mit Rasenschnitt oder Rindenhumus. Die Garten- oder Kulturheidelbeere wird jetzt mit Rhododendrondünger versorgt. Brombeeren und Himbeeren werden ebenfalls gedüngt und mit Kompost versorgt.
* Zwiebelfliege, Möhrenfliege, Lauchmotte, Kohlfliege etc. können gut mit **SCHUTZNETZEN** (Seite 37) von den Pflanzen ferngehalten werden.
* Die **KIRSCHFRUCHTFLIEGE** legt ihre Eier in die reifenden Kirschen. Hängen Sie rechtzeitig Gelbtafeln in die Bäume!
* Dürre Äste bei **MARILLEN** (Aprikosen) und Weichseln abschneiden und bei Moniliabefall im Restmüll entsorgen.
* **OHRWURMHÄUSCHEN** in Obstbäumen aufhängen. Dazu einen Tontopf mit Holzwolle füllen und kopfüber befestigen. Das hilft gegen Blattläuse, denn die Ohrwürmer fressen die Läuse.

MULCHEN – DENN NACKTE ERDE IST UNNATÜRLICH

Wer mit offenen Augen durch die Natur geht, wird es bemerken. Es gibt keine nackte, keine unbedeckte Erde. Entweder beginnt sofort ein Wildwuchs oder Gehölze breiten sich aus, die nach einiger Zeit zu einem Wald werden. Dort ist dann zu wenig Licht für Wachstum, dafür schützt das Laub den Boden vorm Verschlämmen, vorm Verwehen und sorgt für ein intensives Bodenleben.

Das Mulchen ist eine Maßnahme, die für die meisten »normalen« Hobbygärtner die größte Umstellung bedeutet, wenn sie den Garten künftig biologisch bewirtschaften wollen. Denn plötzlich sollen die Beete nicht mehr sauber und glatt gerecht sein und nur die Gemüsepflanzen darauf in Reih und Glied stehen. Nein, die Erde muss ständig bedeckt sein, denn die Natur ist ein Sparmeister. Mit Wasser geht sie beispielsweise besonders sorgsam um. Während der Mensch immer aufwendigere Technik einsetzt, um das kostbare Nass zu speichern,

schafft es Mutter Natur auf einfachste Weise: Sie gibt auf die Erde einen »Deckel«. Bodenbedeckung oder Mulchen wird das im biologischen Landbau genannt. Nackte Erde ist etwas Unnatürliches. Nach einem Erdrutsch, einem Hochwasser oder sonst einer Naturkatastrophe in der freien Natur dauert es nur wenige Wochen oder Monate und die Erde ist wieder mit einem dichten grünen Kleid bedeckt. Der »Deckel« auf dem Humus verhindert ein Austrocknen der Erde. Das gespeicherte Wasser bleibt so im Boden. Der Wind kann die nahrhaften Substanzen nicht verwehen und die Milliarden von Mikroorganismen und Kleinstlebewesen können in einer angenehmen Umgebung aus allen organischen Substanzen wertvollen Humus machen. Besonders ein »Haustier« des Naturgärtners fühlt sich in dieser Umgebung wohl: der Regenwurm. In der Mulchschicht findet er viel Nahrung, die er zur wertvollen Wurmerde umwandelt.

Damit wird gemulcht

Rasenschnitt, Strohhäcksel und Laub, aber auch Papier und Karton eignen sich zerkleinert als Mulchmaterial.

Blätter: von Beinwell und Paradeisern (beim Ausgeizen fallen im Sommer große Mengen an).
Brennnessel: die idealste Pflanze für die Bodenbedeckung überhaupt. Vor dem Blühen abschneiden und in Reihen auf die Beete legen.
Holzfaser: gerade in den letzten Jahren ein beliebtes Mulchmaterial geworden. Ebenso gut geeignet: Schafwolle und Flachsschäben.
Rindenmulch: bei Beeren und Azaleen, weil sie wie Torf (den der Naturgärtner zum Schutz der wenigen noch erhalten Moore nicht verwendet) eine saure Bodenreaktion auslösen.
Mulchfolien: sind z. B. unter dem Namen »Erdbeerfolie« im Handel.
Mulchpapier: ist gerade für Anfänger ideal, weil die Beete »ordentlich« aussehen und das Papier schadstofffrei verrottet.

> **TIPP**
>
> ### Keine Schneckeninvasion!
>
> Viele meinen, dass sich durch das Aufstreuen von Rasenschnitt die Schnecken vermehren. Das ist nicht richtig. Die Schnecken sind auch ohne Mulch vorhanden, nur verstecken sie sich dann in den Erdritzen. Mulcht man, so findet man sie unter dem Rasenschnitt und kann sie bequem absammeln. Und so überwiegen die Vorteile: Mulchmaterial hält den Boden feucht, was die Pflanzen kräftiger wachsen lässt, und verhindert auch das Aufkommen von »Un«-Kraut (es heißt im Naturgarten »Wildkraut«). Und der Regenwurm erzeugt den besten Dünger, den es gibt: den Regenwurmhumus.

BLÜTENPRACHT VOR DER HAUSTÜR

Rhododendren und Azaleen sind alte Gartenpflanzen und da und dort ein wenig aus der Mode gekommen – nicht zuletzt deshalb weil sie einige Ansprüche stellen. Das Allerwichtigste bei Rhododendren ist, dass sie auf einem kalkfreien Boden stehen. Der Rest ist gar nicht so schwierig.

Die »Rhodos« werden meist im Topf angeboten und kommen im Frühling oder Herbst in die Erde. Damit diese kalkfliehenden Pflanzen in unseren Breiten gedeihen, sollte das Pflanzloch zumindest 80 cm im Durchmesser haben und gut 50 cm tief sein. Entfernen Sie die gesamte Erde aus dem Pflanzloch. Am Boden des Pflanzlochs kommt als Drainageschicht Rindenmulch hinein und dann wird mit kalkfreier Erde aufgefüllt. Entweder mit sogenannter Moorbeeterde oder mit saurer Walderde. Aus Naturschutzgründen verzichten wir ja auf Torf und verwenden Torfersatzstoffe oder erzeugen diese Erde selbst: Wir kompostieren das Herbstlaub auf einem eigenen Haufen. Laubkompost ist der ideale Torfersatz. Passen Sie auf, dass sie im Pflanzloch nicht zu tief gesetzt werden. Die Gehölze sind Flachwurzler und die Wurzeln würden ersticken. Also: Topfoberkante ist die Erdoberkante beim Pflanzen!

So wird gepflegt

Rhododendren benötigen sehr viele Nährstoffe. Das wird meist völlig übersehen. Sie benötigen diese vor allem rechtzeitig. Denn kaum ist die Blüte vorbei, beginnt auch schon das Blattwachstum mit den Knospen für das kommende Jahr. Daher sollte man eine erste Düngergabe etwa vier bis sechs Wochen vor (!) der Blüte verabreichen und gleich nach dem Blühen noch einmal düngen. Verwendet wird ein organischer Rhododenrondünger. Nur wenn die Blätter kräftig dunkelgrün sind, ist die Pflanze ausreichend ernährt. Bei kleinen Sträuchern sollten die abgeblühten Blüten ausgebrochen werden: Vorsichtig mit Daumen und Zeigefinger den Blütenrest herausdrehen, damit keine Kraft verloren geht. Sind die Blätter hellgrün, fehlen Nährstoffe, sind sie beinahe gelb und es zeigen sich die Blattadern in Grün, ist zu viel Kalk im Boden. Saure Erde und Eisendünger können helfen.

GÄRTNERSCHRECK DICKMAULRÜSSLER

Seit gut 20 Jahren ärgert ein Newcomer unter den Schädlingen die Kirschlorbeer-Fans. Er liebt aber auch Rhododendrenblätter, Kamelien, Zitruspflanzen, Pfingstrosen und andere Laubgehölze.

Hilfe! Mein Rhododendron hat so was wie Karies! Rund ums Blatt sind lauter Zähne ausgebissen… Was ist das und was kann ich tun?

Plo: Ah, klar – das ist der Dickmaulrüssler, ein kleiner Käfer mit Rüsselnase, der die Blattränder anbeißt. Wenn du Käfer erwischt, dann absammeln. Sie sind aber meist nachtaktiv und sehr flink!

Daher – abwarten und abbeißen lassen?

Plo: Nein, zuerst lebt der Käfer als wirklich gefährliche Larve in der Erde. Dort frisst er die Wurzeln der Rhododendren direkt am Wurzelhals an. So kann über Nacht ein befallener Strauch kaputtgehen.

Also ausgraben?

Plo: Einzig sinnvolle Bekämpfung ist der Einsatz von sogenannten Nematoden. Damit gießt man im Frühjahr und Herbst und bringt die Larven zum Absterben!

Ist das für meinen Hund gefährlich?

Plo: Nö. Die mikroskopisch kleinen Würmchen sind für Tier und Mensch ungefährlich.

EHEMÄNNER IM GARTENCENTER

In diesen Tagen, wo sich alle in den Gärtnereien und Gartencentern einfinden, um die Zutaten für eine blühende Saison zu kaufen, trifft man auch viele Männer. Meist das Einkaufswagerl fest im Griff marschieren sie im sicheren Abstand hinter den Frauen mit den grünen Daumen hinterher. Schwere Erdsäcke in die Einkaufskörbe legen, große, unhandliche Tontöpfe sicher platzieren und meist zustimmend nicken, wenn »Frau« eine besonders schöne Pflanze gefunden hat und die Freigabe erbittet. An solchen Tagen gibt es von den Männern kein »Nein«. Nur ja schnell wieder hinaus aus dem Schlaraffenland der Gartlerinnen.

Einige wenige Männer, so hat mir kürzlich ein Einkaufskorbschieber bei einem Frühlingsfest erzählt, lassen sich von der Gartenlust anstecken. Nach der dritten Runde durch das Gartencenter hat er sich in die Kauforgie eingemischt: »Wie wäre es mit dieser Pflanze hier?« Doch in Sekundenbruchteilen wird der grüne Daumen forsch verbal abgezwickt: »Daaas doch nicht – viel zu mickrig, tönt es hinter dem Oleander hervor!« Er durfte nur das Prachtstück an Oleander einladen und an der Kasse die Warteposition einnehmen.

Wartezeit an der Kasse – ca. 20 Minuten! Aber nur für die Herren, so berichtete der Assistent der Gärtnerin, denn die Damen schwirrten nach wie vor durch das Gartencenter und luden Beutestück um Beutestück nach. »Ach du bist ja noch so weit von der Kasse weg« – da geh ich noch eine Runde …

Beim Bezahlen war schließlich wieder alles eitel Wonne – er zückte seine Bankkarte und fuhr mit den mittlerweile zwei Wagerln geschickt manövrierenden durch die Autoflut vorm Gartencenter. Fürs Einpacken war auch wieder der Göttergatte zuständig. Und fürs Genießen daheim …

KRÄFTIGER SCHNITT SCHAFFT BLÜTENPRACHT

Es ist im ersten Moment ganz und gar nicht verständlich, dass eine Pflanze, die eben noch so herrlich geblüht hat wie das Mandelbäumchen oder wie die Weide, die sich mit so wundervollen Kätzchen geschmückt hat, fast völlig zurückgeschnitten werden muss, damit es im kommenden Jahr wieder eine so herrliche Blüte gibt. Doch ein paar botanische Grundlagen machen es klar.

Es gibt Pflanzen, die blühen auf einem Trieb, der sich neu bildet. Bestes Beispiel dafür sind unsere herrlich duftenden Edelrosen. Sie werden stark geschnitten, dann treiben sie kräftig aus und im Juni sind sie voller Blüten. Wildrosen und Historische Rosen dagegen blühen auf den Vorjahrestrieben – schneidet man hier stark zurück, dann gibt es nur viel frisches Laub, aber keine Blüten.

Bei zwei besonders beliebten Frühjahrsblühern – dem Mandelbäumchen und der Kätzchenweide (oft auch in Trauerform) – ist es wie bei den Edelrosen. Man muss sie kräftig schneiden, damit sie wieder blühen. Allerdings nicht vor, sondern unmittelbar nach der Blüte. Das bedeutet, dass man zur Schere greift, sobald die Blüten verwelkt sind. Und dann wird kräftig geschnitten. Bei Mandelbäumchen werden die Äste auf bloß 5 cm zurückgeschnitten, bei den Hängeweiden auf etwa 10–15 cm.

OBEN Der kräftige Rückschnitt sieht momentan brutal aus, doch schon nach wenigen Tagen sprießen die neuen Triebe. Im kommenden Jahr gibt's dann wieder viele Blüten.

BLUMENWIESE STATT RASEN

Es sind die Träume aus der Kindheit: eine Wiese voll mit blühenden Margeriten, Glockenblumen, Kuckucksnelken und Hahnenfuß. Dazwischen das zarte Grün der Gräser und ein Summen und Flattern von Insekten und Schmetterlingen. Dem stinkenden und lauten Rasenmäher sagen wir ade. Ein schöneres Projekt, wie dieses kann es im Biogarten gar nicht geben.

Im Garten gibt es verschiedene Wege, die zum Ziel – einer herrlichen Blumenwiese – führen:
Der schnellste Weg: Gerade bei einem Neubau ist für die Anlage einer Blumenwiese die beste Gelegenheit, denn ohne Baumaschinen wird man es nicht schaffen. Wichtig ist das Abtragen der obersten Humusschicht (etwa 10–15 cm). Danach den Unterboden gut lockern, viel Sand (und Splitt) einarbeiten und schließlich eine zum Standort passende Mischung säen. (beste Bezugsadresse dafür: www.wildblumensaatgut.at)

Der geduldige Weg: Sie können eine bestehende Rasenfläche in eine Wiese umwandeln. Dazu wird die Rasenfläche über mehrere Jahre hinweg nicht mehr gedüngt und nach und nach mit Blumenwiesensamen (Achtung: Es sollten ausschließlich Blumen und keine Gräser sein) eingesät. Besonders ideal dafür ist der Zeitpunkt nach dem Vertikutieren im Frühjahr. Gemäht wird zunächst noch häufig, später wenn sich mehr Blumen zeigen, aber nur noch zweimal pro Jahr und zwar im Juni zur Sommersonnenwende und im Spätherbst.

MEIN GEHEIMTIPP
Die Blumenzwiebelwiese

* Der Rasen wird zum großen Zwiebelblumenbeet. Benötigte Rasenwege werden ab dem Frühjahr ausgemäht, auf den verbleibenden Flächen blühen die im Herbst gepflanzten Blumenzwiebeln in Hülle und Fülle. Besonders geeignet dafür sind Schneeglöckchen, Krokusse, niedrige Narzissen, großkronige Narzissen, Camassien und Zierlauch. Nach dem Einziehen Ende Juni wird die Wiese mit der Sense gemäht und dann das restliche Jahr mit dem Rasenmäher mitgemäht. So kann man auch im Sommer bei Gartenfesten die Flächen nutzen.

Die Insellösung: Rasenflächen sehen nach dem Winter oft ziemlich mitgenommen aus. Wenn Maulwurf und Wühlmaus gewütet haben, dann ist das ein perfekter Start für eine Blumenwiese mit Blumenwiesenpflanzen aus dem Topf. Dazu Erde gleichmäßig verteilen und vorgezogene Blumenwiesenpflanzen wie auf kleinen Inseln setzen. Man kann die Pflänzchen auch selbst vorkultivieren. Damit ist ein flotter Start gegeben und die Schnecken können die zarten Aussaaten nicht mehr anknabbern.

Die Wiese am Hang: Hanggrundstücke sind besonders gut als Standort für Blumenwiesen geeignet, vor allem dann wenn sie direkt der Sonne ausgesetzt sind. Sind die Flächen auch noch humusarm, dann entstehen dort die herrlichsten Blütenteppiche. Einzig das Mähen ist beschwerlich – mit Sense (und etwas Übung) oder als (lärmender) Kompromiss mit Motorsense, lässt sich das aber auch bewältigen.

OBEN Ein wenig Übung ist schon notwendig, aber dann funktioniert das Mähen mit der Sense ohne Lärm und Abgase. Für Anfänger werden mittlerweile sogar Kurse angeboten.

DIE GUTE MISCHUNG MACHT'S

Die Mischkultur ist keine Erfindung von besonders klugen Gärtnern, sondern sie wurde der Natur abgeschaut. Und so wie bei den Menschen gibt es auch im Reich der Pflanzen gute und schlechte Nachbarn. Zum Glück ist die Anzahl der schlechten Nachbarn gering.

Meiden Sie z. B. Kombinationen von Erbsen und Bohnen, Gurken und Rettich oder Radieschen sowie Tomaten und Kartoffeln oder Kopfsalat und Petersilie. Ausgesprochen gute Nachbarn gibt es weitaus mehr. Wer sie nebeneinander anbaut, kann sich Pflanzenschutzmittel sparen und erhält geschmacklich besseres Gemüse. Generell gilt: Mischkulturtabellen sind eine gute Grundlage, aber man sollte ruhig Mut zum Experimentieren haben. Wenn Sie noch keinerlei Erfahrung mit guten oder schlechten Nachbarn gemacht haben, richten Sie sich zunächst nur nach den äußeren Merkmalen.

Viel können Sie nicht falsch machen. Die Gefahr, zwei schlechte Nachbarn zu erwischen, ist gering.

* Bauen Sie tiefwurzelndes Gemüse (Karotten, Schwarzwurzeln, Rettich) gemeinsam mit Flachwurzlern (z. B. Feldsalat, Zwiebeln) an oder
* kurzlebige Arten (z. B. Radieschen, Kresse, Spinat, Salat) mit langsam wachsenden Arten (z. B. Tomaten, Kohl, Gurken).

Gewünschtes Durcheinander

Wo viele verschiedene Pflanzenarten durcheinander wachsen, haben Krankheiten und Schädlinge nur geringe Chancen sich auszubreiten. Daher pflanzen Sie Kapuzinerkresse (Seite 103) auf die Baumscheiben von Obstbäumen. Für die Blutläuse ist diese viel attraktiver als der Apfelbaum. Durch eine möglichst bunte **Blumenvielfalt** können Sie auch nützliche Insekten anlocken, beispielsweise mit der sogenannten Spiegeleiblume (*Limnanthes douglasii*). Sie wird ausgesät und beginnt nach wenigen Wochen zu blühen. Danach verschwindet sie komplett, kommt aber alle Jahre wieder. Ideal auf Baumscheiben, da sie viele Insekten anlockt, die dann die Obstbäume bestäuben. In einem Garten mit vielen **Kräutern** riecht es herbwürzig und duftet lieblich. Die Pflanzen profitieren in vieler Hinsicht von der Nachbarschaft der Kräuter. Kümmel und Minze als Nachbarn zu Kartoffeln gepflanzt sollen den Geschmack der Knollen verbessern. Basilikum neben Gurken ist gut, da die von den Blüten des Basilikums angelockten Insekten bei der Bestäubung helfen.
Schnecken machen zwar vor kaum einer Pflanze Halt, dennoch gibt es manche Blumen und Kräuter, die sie weniger mögen (Seite 47). Wenn Sie ein Beet mit diesen Pflanzen säumen, können Sie die Schneckeninvasion ein wenig bremsen.

MEIN GEHEIMTIPP
Gut Freund mit vielen

* **Spinat** ist der Tausendsassa unter den Pflanzennachbarn. Seine Wurzeln scheiden Saponine aus, die sich im Boden auf das Wachstum aller benachbarten Pflanzen wohltuend auswirken.
* Ähnlich verträgt sich **Dill** mit nahezu allen Gemüsearten. Einige Körner unter den Samen von Karotten oder Gurken gemischt, markieren nicht nur durch schnelleres Auflaufen die Reihen, sondern fördern auch die Keimung der benachbarten Samenkörner.
* **Radieschen** sind als kurzfristige Lückenfüller überall willkommen, ausgenommen als Nachbarn von Gurken. Sie können überall zwischen Reihen langsamer wachsender Gemüse gesät werden.

FARBE IM GARTEN

»… und hier ist unser Weißer Garten!«, stolz präsentierte mir ein Gartenfreund sein neues Gartenabteil mit nur weiß blühenden Pflanzen. »Es ist übrigens der dritte Weiße Garten«. Das kenne ich! Man plant ein neues Beet und will sich endlich einmal durchringen, die Bepflanzung in nur einer Farbe zu gestalten. Ein Weißer Garten, den Vita Sackville-West in Sissinghurst als eine der Ersten errichtet hat, ist so ein Beispiel für viele.

Doch wie geht es mir dann? Exakt geplant geht man in die erste Saison. Dann erhält man eine Pflanze, findet keinen Platz und setzt sie in das noch schüttere (weiße) Beet. Doch das Geschenk ist ein Kuckucksei und blüht in einem bezaubernden Himbeerrot. Passt ja eigentlich auch, denkt sich der österreichische Gärtner: rot-weiß-rot, fast schon patriotisch. Dass inzwischen einige andere Geschenke in diesem Beet landeten und dann in Gelb und Rosa blühten, war der Anfang vom Ende des Weißen Gartens. Und so ist bei mir schon oftmals aus dem einfarbigen ein buntes Beet geworden.

Bei der Vorbereitung einer Gartenreise an den Niederrhein besuchte ich einmal einen traumhaften Staudengarten, der im Frühjahr mit Zehntausenden Tulpen bepflanzt wird. Wir plauderten über die Tatsache, dass viele Tulpen nach einigen Jahren gelb blühen. Ich nehme das ohne viel Tamtam hin. Die Gärtnerin an der holländischen Grenze duldet das aber ganz und gar nicht: Radikal wird alles, was nicht pastellrosa ist, entfernt. Auf den Bildern natürlich ein prachtvolles Ensemble. Da würden die gelben Blüten tatsächlich stören, aber in meinem Beet blüht es kunterbunt. Nur in der Blumenwiese bin ich konsequent. Einzig und alleine weiße Narzissen und blaue oder weiße Zierlauche stehen da. Wahrscheinlich bis zu dem Tag, an dem die Mäuse wieder die bunten Blumenzwiebeln hierher verschleppen und ich es nicht übers Herz bringe, die falschfarbigen Pflanzen auszureißen.

ABWECHSLUNG IST WICHTIG! DIE FRUCHTFOLGE

Neu angelegte Gärten liefern oft enorme Ernten, doch mit den Jahren geht der Ertrag zurück oder manche Pflanzen wachsen gar nicht mehr. Petersilie oder Zwiebeln wollen dann einfach nicht mehr gedeihen. Die Fruchtfolge ist, neben der jährlichen Kompostgabe, deshalb ein ganz wichtiges Kapitel beim Gärtnern – nur dann ist der Ertrag über Jahrzehnte garantiert.

Dafür muss man Folgendes wissen. Es gibt drei große Gruppen an Pflanzen mit unterschiedlichen Nährstoffbedürfnissen:
Starkzehrer: z. B. Kürbis, Gurken, Kohlarten, Kartoffeln, Lauch, Zucchini.
Mittelzeher: z. B. Möhren, Fenchel, Mangold, Salat.
Schwachzehrer: z. B. Radieschen, Erbsen, Bohnen, Zwiebeln, Kresse, Kräuter.
Das ist wichtig für die Gemüsegartenplanung: Die Beete sollten zunächst mit den Starkzehrern, danach mit den Mittelzehrern und im dritten Jahr dann mit den Schwachzehrern bepflanzt werden. Macht man es perfekt, dann erfolgt im vierten Jahr eine Ruhezeit und der Boden wird mit Gründüngungspflanzen, Kompost und organischem Dünger »aufgeladen«.

Eine Familiensache

Beachten sollte man bei den Bepflanzungen auch die Familien, aus denen die Gemüsearten kommen. Da gibt es **Kreuzblütler** (Rettich, Kohl, Kresse), **Doldenblütler** (Zwiebel, Möhren, Sellerie, Pastinaken, Petersilie, Fenchel und Dill), **Gänsefußgewächse** (Spinat, Mangold, Rote Rüben), Nachtschattengewächse (Kartoffeln, Tomaten, Paprika, Auberginen) und **Kürbisgewächse** (Gurken, Kürbisse, Zucchini, Melonen). Beim Bepflanzen sollte man nun darauf achten, dass niemals Pflanzen aus der gleichen Familie nacheinander ins Beet kommen, weil sich sonst Schädlinge und Krankheiten stark ausbreiten können. Am besten ist, wenn man zumindest ein, besser zwei oder drei Jahre Pause lässt.

OBEN Schwachzehrer wie Bohnen (ganz oben) bilden den Abschluss, Kohl (unten) als Starkzehrer kommt zuerst aufs Beet.

SELBSTGEBRÜHTES FÜR DIE PFLANZENGESUNDHEIT

»Gegen alles ist ein Kraut gewachsen«, das gilt nicht nur für uns Menschen, sondern auch für unsere Gemüsepflanzen und unsere Blumen. Viele Krankheiten und Schädlinge lassen sich verhindern oder verringern, wenn man mit Brühen, Tees und Jauchen den Pflanzen zu Hilfe kommt.

Was ist was in der Hexenküche des Gärtners, hier erst mal ein Überblick:

Auszüge: Die zerkleinerten Kräuter rührt man abends in kaltes Regenwasser und lässt die Mischung über Nacht stehen. Am nächsten Morgen sollte der frische Auszug nach dem Aussieben der Kräuter direkt verwendet werden.

Brühen: Zerkleinerte Pflanzen für etwa 24 Stunden in Regenwasser einweichen und anschließend für etwa eine halbe Stunde köcheln lassen. Nach dem Abkühlen werden die Pflanzenreste ausgesiebt und die Brühe möglichst umgehend ausgebracht.

Jauchen: In großen Fässern (aus Holz oder Plastik, kein Metall) werden die zerkleinerten Pflanzen mit Regenwasser zumindest zwei Wochen vergoren, z. B. an einem sonnigen Platz. Steinmehl verringert den Gestank, sobald der Schaum verschwindet.

Kräutertees: Frische oder getrocknete Pflanzen mit kochendem Wasser übergießen und die Mischung bis zum Abkühlen in einem geschlossenen Gefäß stehen lassen.

Abgesehen von Jauchen lassen sich alle diese Mittel natürlich auch in Wohnräumen, im Wintergarten oder auch im Gewächshaus anwenden.

Ackerschachtelhalm-Brühe (*Equisetum arvensis*): 1 kg gehacktes Pflanzenmaterial auf 10 l Wasser geben, einen Tag einweichen und die Mischung anschließend etwa eine halbe Stunde lang köcheln. Die abgekühlte Brühe wird mit einer Stoffwindel gefiltert und anschließend in fünffacher Verdünnung auf die Blätter gesprüht. Ackerschachtelhalm-Brühe enthält viel Kieselsäure und wirkt daher vorbeugend gegen Blattkrankheiten aller Art. Am besten die Brühe vom Austrieb bis zum Spätsommer in regelmäßigen Abständen von etwa zwei Wochen ausbringen.

Die **Brennnessel**jauche (*Urtica dioica*) erhöht die Widerstandskraft aller Gartenpflanzen. Sie benötigen pro 10 l etwa 1 kg frische Brennnesseln, die Sie etwa 14 Tage »gären« lassen und, sobald der Schaum verschwunden ist, 1:10 verdünnt im Wurzelbereich ausbringen.

Der **Rainfarn** (*Tanacetum vulgare*) wird auch als Brühe verwendet: Diesen aus 500 g und 10 l Wasser ansetzen. Mit der doppelten Menge Regenwasser verdünnt wird er gleich nach der Blüte und nach der Ernte gegen Erdbeerblütenstecher, Erdbeermilben, Himbeerkäfer und Brombeermilben verwendet. Rainfarnjauche wirkt gegen die Eier und überwinternde Schädlinge.

Der **Wermut** (*Artemisia absinthium*) wird als Jauche gegen Verschiedenes verwendet. Man setzt das Präparat aus 300 g frischen oder 30 g getrockneten Blättern pro 10 l Wasser an und spritzt die gefilterte Jauche im Frühling unverdünnt gegen Blattläuse, Rostpilze und Ameisen. Als Brühe kann man Wermut im Frühsommer gegen Apfelwickler und Kohlweißlingsraupen einsetzen und im Herbst gegen Brombeermilben.

TOMATENZEIT – SIEBEN TIPPS FÜR EINE LANGE ERNTE

Die Ampel mit Minitomaten auf der Terrasse, der Topf mit Paradeisern auf dem Balkon oder gleich ein ganzes Tomatenhaus im Garten. Die Paradiesäpfel sind zum begehrtesten Gemüse geworden. Hier meine Erfahrungen und Tipps zum Tomaten Anbauen und Pflegen.

Ohne Überdachung geht's nicht: Ein großzügiges Tomatenhaus schützt vor Regen und damit vor Pilzerkrankungen.
Ausgeizen gehört dazu: Ein Wirrwarr an Trieben macht die Luft stickig (das begünstigt Pilzkrankheiten) und der Fruchtansatz ist nicht besser.
Kartoffeln weit entfernt pflanzen: Als enger Verwandter der Paradeiser werden durch sie viele Krankheiten übertragen. Also immer weit entfernt pflanzen – nicht in Hauptwindrichtung!
Kraut- und Braunfäule sofort bekämpfen: Gleich von Beginn an die Pflanzen mit Milch, Effektiven Mikroorganismen, Schachtelhalmextrakt und Urgesteinsmehl behandeln.
Eingerollte Blätter bei zu viel Dünger: keine Krankheit, sondern ein Überangebot an Nährstoffen, das keine Auswirkungen auf den Ertrag hat.
Weiße Fliegen als Invasion: Sofort mit biologischen Mitteln (Neem etc.) bekämpfen, im Gewächshaus mit Schlupfwespen und Gelbtafeln bekämpfen.
Braune Flecken an den Früchten: Der braune Fleck direkt gegenüber dem Stängel ist ein Zeichen von Stress, keine Krankheit. Im Gegensatz zur Braunfäule kann man diese Früchte essen.

DER MÖRDER IST IMMER DER GÄRTNER

Führungen durch meinen Garten, die von Zeit zu Zeit für Gruppen möglich sind, dienen nicht nur zum »übern Zaun Schau'n«, sondern auch für den Erfahrungsaustausch. Eine Gruppe von sehr engagierten Gartlerinnen war vor einigen Jahren bei mir – mit dabei ein etwa 14-jähriger Bub. Er schien gärtnerisch sehr interessiert zu sein und erinnerte mich an meine Jugend. Denn er befragte mich intensiv, während die Damen Kaffee tranken und Kuchen verspeisten.

Beim Rundgang durch den Garten kam dann die Stunde der Gartenladies: Was tun gegen Schnecken? Wie bekämpfen Sie Wühlmäuse? Gibt es hier Drahtwürmer? Wissen sie was gegen Ameisen? Warum sind die Äpfel wurmig? Ohne viel nachzudenken, sprudelten bei der Gartenentdeckungsreise Fragen und Antworten. Der Juniorgärtner war eifrig mit dabei, machte aber einen sehr mitgenommenen Eindruck. Bis ihm im Obstgarten der Kragen platzte: »Ihr seid ja alle Mörder!«

Anlass war die Apfelwicklerfalle, die im Mai mit einem Sexuallockstoff die Männchen »auf den Leim« führt. Die Apfelwicklerinnen bleiben ungeschoren, können sich aber mangels männlicher Partner nicht mehr weitervermehren und so keine Eier ablegen. Ganz bio – aber menschlich betrachtet ziemlich hinterhältig.

Für einen pubertierenden Buben war das Erlebnis jedenfalls einschneidend. Die Mutter, die ich kürzlich traf, berichtete mir, dass der Bub nun erfolgreicher Automechaniker geworden ist. So killt man Gartennachwuchs – sorry!

SCHLARAFFENLAND MIT BEEREN

Beeren zählen zu den beliebtesten Gartenfrüchten. Selbst in Gärten, wo es kein Gemüse mehr gibt, sind die Erdbeeren, Himbeeren und seit einigen Jahren die Heidelbeeren nicht mehr wegzudenken. Selbst wer nur einen kleinen Garten oder nur einen Balkon besitzt muss auf die Näscherei nicht verzichten, denn viele Beeren wachsen auch im Topf.

Die ideale Zeit, um ein Erdbeerbeet anzulegen, ist im Spätsommer. Jetzt können Sie aber noch **Monats- oder Walderdbeeren** pflanzen, im Beet oder Topf. Sie sind köstlich, aber wirklich nur zum Naschen oder für kleine Desserts. Die Oberfläche mit frischer Bioerde abdecken, nicht jäten. Im August werden diese Erdbeeren dann mit Kompost oder organischem Dünger versorgt, denn da setzen sie bereits die Blüten fürs nächste Jahr an. **Hängeerdbeeren** in Ampeln gesetzt, lassen einem die Früchte direkt in den Mund wachsen. Die neuen Sorten (z. B. 'Elan') bringen viele Ausläufer hervor, auf denen sich dann rasch Blüten und Früchte bilden. Genauso lassen sich diese Erdbeeren aber auch in Beete pflanzen.

Brombeeren benötigen ein wenig mehr Platz (im 50-cm-Topf geht's auch), gehören aber sicher auch zu den köstlichsten Früchten, vor allem im Spätsommer. Die beste säulenförmig zu ziehende Sorte ist 'Navaho'. Die Triebe dieses Jahres werden an einem Stab hochgebunden, sie blühen dann im kommenden Jahr. Sind die Beeren abgeerntet, wird der Ast bodeneben abgeschnitten, der neue Ast ist dann schon da und sorgt im kommenden Jahr für Beerenträume.

Erst in den letzten Jahren ist die **Heidelbeere** so richtig zur Genussfrucht geworden. Eine sehr gute Sorte ist 'Blue Crop', sie blüht nicht zu früh und die Ernte setzt rasch ein. Einzige Vorliebe dieser Pflanze: eine saure, also kalkfreie Erde. Hier darf nicht mit normaler Blumenerde gepflanzt werden, die Sträucher würden gelbe Blätter bekommen und dahinkümmern. Benötigt wird eine Topfgröße von 60 cm für zwei Pflanzen, dann ist die Befruchtung besser. Rhododendronerde oder Lauberdekompost (Walderde) sind ideal. Ganz wichtig ist es, die Pflanzen jedes Jahr mit organischem Rhododendrondünger zu versorgen.

Kleine Gehölze wie die **Johannisbeeren** (Ribisel) lassen sich ebenfalls im Topf kultivieren und liefern köstliche Früchte. Keinen zu kleinen Topf wählen (ca. 50 cm Durchmesser) und die Pflanze um gut 10 cm tiefer setzen, als sie im Kauftopf stand. Damit ist garantiert, dass sie sich immer von unten verjüngt. Mit Hornspänen düngen und nach einigen Jahren die ganz alten Triebe bodeneben herausschneiden. Beste Sorte: 'Jonkheer van Tets'. Johannisbeer-Stämmchen sehen im Topf ganz entzückend aus, man muss allerdings in strengen Wintern mit Ausfällen rechnen.

MEIN FAVORIT:
Himbeeren

Nicht fehlen dürfen die **Himbeeren**. Hier unterscheidet man zwei Hauptgruppen: Die im Sommer tragenden Sorten und die, die im Herbst die Früchte ansetzen. Letztere sind besonders robust und pflegeleicht, weil im November alle Triebe bodeneben abgeschnitten werden. So lassen sich auch Pflanzen, die in Töpfe (40–60 cm, für ein bis drei Pflanzen) gesetzt wurden, gut in Jute verpackt überwintern. Gute Sorten sind z.B. 'Autumn Bliss' und 'Blissy'.

HANGING BASKET – VERY BRITISH

Gefragt sind seit einigen Jahren die Balkonblumen im Korb – die sogenannten Hanging Baskets. Trotz des vielen Gießens ist diese Zusammenstellung etwas für »Faule«, da die Auswahl der Sorten besonders kräftige und gesunde Pflanzen beinhaltet. Die Pflanzen sind für eine Korbgröße von etwa 40–50 cm berechnet. Vergessen Sie nicht einen Langzeitdünger! Das kommt in den Korb:

OBEN Oft sind solche Ampeln schon fertig bepflanzt zu kaufen. Dann ist die optische Wirkung rasch vorhanden.

Geranie (*Pelargonium peltatum*): Die traditionelle Balkonblume, die besonders robust ist und den ganzen Sommer blüht. Es gibt sie in vielen verschiedenen Sorten, z. B. 'Balkonprinz'.

Zwergpetunie (*Petunia hybr.* 'Million bells'): Die 'Million bells', hier in Rot-Gelb, zählen zu den zartesten Petunien, hängen aber bis zu 50 cm nach unten.

Goldmarie (*Bidens ferulifolia* 'Mega Sun'): Sie ist ein kräftiger Blüher und muss manchmal ein wenig eingebremst werden.

Männertreu (*Lobelia erinus* 'Hot Whitespot'): Diese »neuen« Lobelien in Blau und Weiß sind an Wüchsigkeit nicht zu übertreffen.

TIPP

Diesen Blumen geben wir (k)einen Korb

Beim Gitterkorb wird auch die Unterseite bepflanzt. Damit das gelingt, rollt man die Pflanze in Papier ein und schiebt sie durch das Gitter. Dann kommt rund um den Wurzelballen Moos und zum Schluss wird mit Erde aufgefüllt.

WIDERSPENSTIGE GÄSTE

Es vergeht kein Gartenfrühling ohne ungewollten Besuch – die Familie Ente kommt Jahr für Jahr. Der kleine Teich ist dann für die Enten wohl das Fußbecken vorm großen Attersee, das ruhige Ziel der Zweisamkeit. Wäre idyllisch und ein Bild, wie es sich der Naturgärtner wünscht. Doch das Pärchen nutzt das Separee nicht bloß zum Turteln, es sucht auch nach Futter – nicht oberflächlich, sondern getreu dem Motto: »Köpfchen unters Wasser, Schwänzchen in die Höh'«. Und dann wird, wie die Fachleute sagen, gegrundelt. Also der Boden nach Köstlichkeiten abgesucht. Und binnen weniger Stunden wird aus dem einst glasklaren Teich ein brauner Schlicksee.

Was bleibt übrig, als die Tierchen zu verscheuchen. Das beginnt in den ersten Tagen ganz harmlos. Beim Aufstehen am Morgen erblicke ich die fliegenden Gäste, gehe zum Teich und sie flattern umgehend davon. Wenig später kommen sie wieder: Ich gehe wieder zum Biotop. Doch diesmal bin ich kein großer Feind mehr und sie schwimmen beim Rundgang immer auf die andere Seite. Also kommt die zweite Variante des geübten Entenvertreibers. Die schwarze Lederjacke ausziehen und einmal schwungvoll über dem Kopf kreisen lassen. Das scheint wie ein Raubvogel zu sein und sie zischen ab. Das geht einige Tage so dahin, bis ihnen das auch egal ist und sie davon unbeeindruckt bleiben. Also werde ich mit dem Algennetz und dem langen Stab aktiv. Bis auf 50 cm muss ich ran, ehe sie abfliegen. Nach zwei bis drei Wochen ist der Spuk endlich wieder vorbei und der Teich gehört meinen Libellen, Kröten und Ringelnattern.

Ich möchte aber nicht wissen, was die Nachbarn von meinen frühmorgendlichen Teichumrundungen (im Pyjama mit Lederjacke!) halten – aber was tut man nicht für ein klares Teichwasser …

FRÜHSOMMER
Juni

BLÜTEN, DUFT UND KÖSTLICHES

Es ist einfach genial in diesen Tagen: Der Duft der Rosen liegt über unseren Gärten und vermischt sich mit dem Duft von Holunder. Beide sind die Zeigerpflanzen für diese phänologische Jahreszeit. Im **Frühsommer** ist das Wachstum enorm. Noch sind die Tage nicht zu heiß und alles wächst über Nacht – auch so manches Wildkraut, das dann und wann auch zum Unkraut werden kann. Nun heißt es den Garten genießen, ab und zu gießen und mit der Ernte zu beginnen. Gemüse gibt's bereits in Hülle und Fülle, die ersten Beeren sind reif und an Kräutern mangelt es auch nicht mehr. Ein wachsames Auge sollte man auf die Schädlinge richten. Hier heißt es sanft eingreifen, wenn es noch zu wenige Nützlinge gibt.

CHECKLISTE FÜR DEN FRÜHSOMMER

ZIERGARTEN

* **ROSEN** (Seite 78-80): Die Blüte beginnt. Verblühtes nur bei den Edelrosen und den mehrmals blühenden Rosen abschneiden. Historische und Wildrosen blühen nur einmal, schmücken sich aber dann mit Hagebutten. Rückschnitt auf das erste voll entwickelte Blatt (das ist eines mit mindestens fünf Teilblättern). Wer noch nicht genug hat, kann blühende Rosen im Topf besorgen – dann kauft man gleich »mit der Nase«.
* **ROSENKRANKHEITEN,** wie Mehltau und Rosenrost, treten seltener auf, wenn man immer wieder mit Schachtelhalmextrakt, Effektiven Mikroorganismen und (bei Mehltau) mit Backpulver-Wasser (1 EL auf 1 l Wasser) übersprüht.

- **HECKEN** haben jetzt ihre volle Wachstumsphase und sollen rund um die Sonnenwende geschnitten werden. Wer eine Hecke im Herbst pflanzen will, geht nun in den Siedlungen auf Ideentour!
- **STAUDENBEETE** können noch angelegt werden (Seite 84). Vorteil: Man sieht gleich die Blüten!
- Der **RASEN** wird je nach Menge des Niederschlags wöchentlich gemäht und ausreichend gegossen. Je besser die Rasenpflege, desto stärker sind die Graspflanzen, die das Unkraut verdrängen. Ende Juni am besten noch mal düngen.

TOPFGARTEN

- Spätestens jetzt sollten alle **KÜBELPFLANZEN** auf Sommerfrische ins Freie gestellt werden. Sofort mit einer sanften Düngung beginnen.
- Bei den **PELARGONIEN** (Seite 82) beginnt nun die Zeit des kräftigen Wachsens. Das Verblühte immer entfernen und regelmäßig düngen.

NUTZGARTEN

- Manchmal beginnen die kleinen Früchte der **ZUCCHINI** zu faulen. Das ist keine Krankheit, sondern die Pflanze ist noch zu schwach. Daher die ersten drei, vier Fruchtansätze entfernen.
- Gemüsebeet immer gut mit Rasenschnitt **MULCHEN**. Auch die Baumscheiben von Obstbäumen mit Grasschnitt bedecken, dann wird die Feuchtigkeit im Boden besser gespeichert.
- Jetzt ist **PFLANZZEIT** für Tomaten, Karfiol, Kohlrabi, Brokkoli und andere Gemüse.
- **AUSSÄEN**: Busch-, Stangenbohnen, Erbsen, Fenchel, Radieschen, Rettich, Rote Rüben, Gurken, Kohlrabi, Kopfsalat, Kürbis, Mangold.
- **TOMATEN** regelmäßig ausgeizen, also junge Seitentriebe »ausknipsen«. Die untersten Blätter entfernen, falls sich gelbe Flecken zeigen.
- Jetzt ist **ERNTEZEIT** für Erdbeeren und Kirschen. Nach der Ernte werden bei den einmal tragenden Erdbeeren alle Blätter abgeschnitten und der Boden leicht gelockert. Anschließend mit Kompost und organischem Dünger versorgen und mulchen.
- **HIMBEEREN** benötigen gegen Ende der Blüte eine zweite Düngung mit organischem Dünger.
- **FALLOBST** sofort wegräumen, um Pilzerkrankungen zu verhindern.
- Wassertriebe bei **OBSTBÄUMEN** entfernen – allerdings nicht zu viele, denn das regt das Wachstum stark an.

KEIN GARTEN OHNE ROSEN!

Rosen sind wieder zur absoluten Nummer eins geworden. Ist es der Duft, sind es die Blüten, ist es die große Bandbreite an Wuchsformen? Von allem wahrscheinlich etwas. Ob die wüchsigen, pflegeleichten Rambler-Rosen einerseits oder die zarten Blüten der Balkonröschen andererseits – sie alle machen es aus, dass die Rosen so begehrt sind – auch wenn sie manche Vorliebe haben.

Rosen sind genügsamer, als man denkt, aber sie stellen einige Ansprüche, die – wenn man sie erfüllt – die Pflege viel leichter machen. Und besonders eindrucksvoll ist die lange Zierde – vom Mai, mit der ersten Blüte der Chinesischen Goldrose (*Rosa hugonis*), bis zum Herbstschmuck vieler Rosen mit Hagebutten.

Basics für schöne Rosen

Standort und pflanzen: Setzen Sie Rosen an die sonnigste, aber luftige Stelle des Gartens. Jedoch niemals Rosen dahin setzen, wo vorher schon Rosen standen. Mindestens fünf, besser sieben Jahre sollte Pause sein, oder man tauscht die Erde großzügig aus. Rosen im Topf (Containerrosen) können auch jetzt – also voll blühend – gepflanzt werden. Lehmige Erde ist für Rosen die beste, Kompost, Sand und Hornspäne einarbeiten. Spezielle Rosenerde einarbeiten, wenn kein Kompost vorhanden ist. Den Boden tiefgründig lockern.

Gesunde Rosen: Achten Sie bei der Sortenwahl auf das ADR-Zeichen – besonders robust sind die sogenannten Bodendeckerrosen. Werden Rosen befallen, bekämpfen Sie die Schädlinge sanft: Läuse mit Schmierseifenwasser abwaschen, bei Blattrollwespen die Blätter entfernen. Sterben Triebspitzen ab, ist der Triebbohrer aktiv – dann bis ins gesunde Holz zurückschneiden. Krankheiten (Rosenrost und Sternrußtau) am besten vorbeugend behandeln: Richtig düngen, Blätter mit Schachtelhalmbrühe (Seite 67), Effektiven Mikroorganismen oder anderen stärkenden Substanzen übersprühen. Abgefallene Blätter entfernen.

Richtig schneiden (Seite 32): Mehrmals blühende Rosen auf das erste vollentwickelte Blatt mit Außenauge schneiden. Alte Rosen und Wildrosen, die nur einmal blühen, nicht schneiden. Es bilden sich zwar bei diesen Rosen keine neuen Blüten, doch die Hagebutten sind im Herbst sozusagen »die zweite Blüte«. Je nach Sorte erscheinen sie in den Farben von Orange über Blutrot bis hin zu Brauntönen. Meist kommen gleich nach dem Frost die ersten Vögel, für die diese Hagebutten ein willkommenes Fressen sind.

TIPP

Geheimkürzel für gesunde Rosen

Eine Marke, die seit einigen Jahren zum Symbol für die »innere Qualität« einer Rose geworden ist, ist die ADR-Prüfung. Die Abkürzung ADR steht für die Allgemeine Deutsche Rosenprüfung. Für viele ist das der TÜV der Rosen. In elf Rosengärten werden die Rosen drei Jahre lang auf Blüte und Wurzel geprüft. Schwerpunkt: Wie krankheitsresistent ist die Rose. Erreicht sie am Ende der dreijährigen Testphase eine bestimmte Punkteanzahl, dann gibt es die ADR-Auszeichnung. Etwas mehr als 170 Rosen haben diese Auszeichnung derzeit.

ROSE SUCHT PARTNER

Jede Rose allein ist eine Pracht, doch was wenn die Blüte vorüber ist – oder auch im Frühjahr? Einsam steht die Königin der Blütenpflanzen im Beet und sucht attraktive Begleiter, denn nur dann sieht ein Beet ein ganzes Jahr attraktiv aus.

OBEN Es muss nicht immer Lavendel sein – herrlich wachsen Salbeiarten und Katzenminzen zusammen mit den Rosen.

verzweigter und deutlich später eine blühende Begleitung zu den Rosen. Strauchrosen und Kletterrosen auf Obelisken passen perfekt dazu. Im Spätsommer und Herbst dagegen leuchten zwischen den Rosen die **Astern** mit ihren roten und violetten Blüten. Bei diesen Pflanzen ist auf die Wuchshöhe der Sorten zu achten.

Wählt man Begleitpflanzen, die zugleich mit den Rosen blühen, dann muss man auf die passende Farbe der Blüten achten. Bei Kletterrosen sind **Clematis** als dankbare Ergänzung beliebt, z. B. *Clematis tangutica* mit gelben Blüten und silbrig behaarten Samenständen. Immer attraktiv ist die **Katzenminze**, die es auch in vielen unterschiedlichen Sorten gibt. Besonders kompakt wachsende Pflanzen sollte man bevorzugen. Nach der Blüte zurückschneiden, so kommt es zu einer Nachblüte und die Katzenminze bleibt bis zum Herbst attraktiv.

Im zeitigen Frühjahr ist neben den kleiner bleibenden **Zwiebelblumen** (Schneeglöckchen, Mininarzissen) vor allem das Veilchen ein idealer Partner. Es macht mit seinem betörenden Duft schon Lust auf die Rosenduftzeit. Anschließend ist das **Purpurglöckchen** als blühender Begleiter mit dabei. Gleich nach der Rosenblüte kommt der Phlox, die **Flammenblumen** (Foto rechts). Hier sollte man allerdings den Trick der Gärtner nutzen und – so schwer es fällt – die ersten Blüten abschneiden. Der Neuaustrieb kommt mit neuen Blüten, ist dann

GEDULD UND GELASSENHEIT

Gerade die Frühsommertage zeigen uns, dass nur wer Gelassenheit an den Tag legt geruhsamer lebt. Da ein Rasen mit gelben Flecken, dort ein Ahorn mit Mehltau, ein Holler voller Läuse und Tomaten, die die Blätter einringeln. Manche geraten in Panik, sind verzweifelt und verlieren die Lust am Garteln.

Auch mir geht es manchmal so, aber ich hab die beiden »G's« des Gärtners mittlerweile verinnerlicht: Geduld und Gelassenheit. Oft antworte ich bei Fragestunden – zur Überraschung der Fragenden – mit dem Hinweis: »Fahren Sie doch zwei Wochen auf Urlaub und das Problem ist gelöst«. Auch wenn es schwerfällt, es zu glauben, aber die eingerollten Blätter meiner Rosen hatten mich gestört. Dann war ich einige Tage unterwegs, um die Gartensendungen fürs Fernsehen zu produzieren. Und als ich zurückkam, war das Problem gelöst. Neue Blätter hatten sich gebildet und die waren gesund. Die alten Blätter waren abgefallen und die lästige Blattrollwespe hatte sich aus dem Staub gemacht. Die Tomaten standen wieder stramm da und die abgebissenen Blätter der Stachelbeere waren nachgewachsen.

Jahr für Jahr wiederholt sich dieses Spiel – die Rosenblattrollwespe wird wiederkommen, die Tomatenblätter werden sich im ersten Wachstums- (und Dünger-)schub einringeln und die Stachelbeeren werden wieder einige Blätter einbüßen, wenn die diversen Raupen kommen.

Letztlich ist das auch eines der Wunder der Natur. Dieser ewige Kreislauf. Das Kommen und Gehen. Das Werden und Vergehen. Nehmen wir es mit Gelassenheit. Alles wird viel einfacher. Und auch im übrigen Leben hilft uns das.

BELIEBT SEIT GENERATIONEN – GERANIEN

Die Geranie, oder, wie sie korrekt heißt, die Pelargonie, ist die beliebteste Balkonpflanze – und das seit Jahrzehnten. Millionen Pflanzen werden Jahr für Jahr in diesen Tagen verkauft und schmücken dann für viele Wochen Balkone, Terrassen und Blumenbeete.

Es gibt dieses Kind Südafrikas in vielen Varianten: In aufrechter, halbhängender und hängender Form. Dazu noch als »Sammlerexemplare« die Englischen Pelargonien, die Duftgeranien, die Blattschmuckgeranien und viele ganz eigenartige Wildformen.
Bis auf die »exotischen« Sammlerstücke, benötigen alle Geranien eine humusreiche Blumenerde, die am besten mit einem organischen Langzeitdünger vermischt wird. Gepflegt werden die Geranien ganz einfach: Reichlich gießen, mindestens wöchentlich düngen und alle verblühten Triebe entfernen. Einige Hängegeranien »reinigen« sich aber auch

schon selbst. An Schädlingen treten Blattläuse, Spinnmilben und Weiße Fliegen auf. Alle Pelargonien lassen sich gut überwintern, wenn sie kühl, hell und trocken gehalten werden. Staunässe killt die Pflanzen innerhalb weniger Tage.

Pelargonien für die Nase

Die Duftpelargonien haben in der Regel kleinere, mitunter unscheinbare Blüten. Dafür verströmen die Blätter beim kleinsten Lufthauch oder bei Berührung ihren Duft: Rosen, Orangen, Äpfel, Zitronen, Mandeln, Kiefern, Minze, Muskat und Pfirsich und viele andere Aromen mehr. Die Blätter sind keineswegs langweilig. Sie variieren im Grünton, in der Größe und sind samtig weich bis kratzbürstig rau. Die interessantesten: *Pelargonium graveolens* (Rosenduft), *P. tomentosum* (Minzegeruch), *P. crispum* 'Peach Cream' (Pfirsichgeschmack), *P. citronellum*, *P.* 'Citronella' (mit zitroniger Duftnote) oder auch *P. tomentosum* – sie verströmt einen betörenden Pfefferminzduft.

Noch was ganz Besonderes: Neben den typischen Balkongeranien gibt es übrigens auch sukkulente Arten (kakteenartige), die in den Wüsten und Halbwüsten im Süden Afrikas vorkommen.

WAS, DU MAGST OMA-BLUMEN?

Blumen unterliegen auch der Mode: Sie kommen und gehen. Pelargonien haben aber eine ziemlich lange Halbwertszeit. Schon die Omas hatten die »Geranien« auf der Fensterbank.

Bist du vielleicht auf Retrotrip?

Plo: Wie kommst du drauf?

Hab in deinem Garten gleich ein ganzes Glashaus voll Geranien gesehen!

Plo: Ach du meinst meine Pelargonien-Sammlung.

Okay, ich geb's zu. Ich finde die Geranien auch genial, vor allem die duftenden!

Plo: Ja – die nehmen wir auch z. B. als »Würze« fürs Dessert – Pfefferminz.

Echt! Habe mich schon gewundert, warum ich bei dir die Oma-Blumen finde!

Plo: Da findest du viele – 240 verschiedene. Hab mich in Südafrika damit infiziert.

Na, dann lass sie dir gut schmecken!

DAS GRÖSSTE BLUMENBEET

Wie komponiert man ein Staudenbeet? Es soll schließlich das ganze Jahr über attraktiv sein. Denken Sie für die Anlage möglicht im großen Maßstab. Je größer das Beet angelegt wird, desto pflegeleichter ist es und desto gewaltiger ist seine Wirkung. Wenn Sie mit der Planung beginnen, gehen Sie an die künftige Stelle des Beetes und markieren sie den geplanten Umfang.

OBEN Staudenbeete sind das Herzstück eines Gartens. Sind sie richtig angelegt, blühen sie vom Frühling bis in den Herbst hinein.

Und so werden die Staudenbeete Wirklichkeit:
Vorbereiten: Den Rasen bzw. den vorherigen Bewuchs entfernen und den Boden tiefgründig lockern, Kompost und Sand einarbeiten. Falls Erde fehlt, großzügig Biopackungserde dazutun. Hornspäne als organischen Dünger einarbeiten, das aktiviert auch das Bodenleben.
Pflanzen: Vor dem Einsetzen sollten Sie die Wurzelballen der Stauden (und Gehölze) kräftig wässern. Gehölze kommen als Kulisse in den Hintergrund des Beetes – nicht symmetrisch, sondern locker verteilt. Die Stauden in den Töpfen auf das Beet stellen und in Gruppen zu drei bis fünf Stück arrangieren. Falls Sie das Beet im Herbst anlegen, auch gleich die Blumenzwiebeln mit auflegen.
Pflegen: Nach dem Pflanzen den Boden sofort mit einer dicken Mulchschicht abdecken und kräftig eingießen. Bei Trockenheit erst wieder nach einigen Tagen gießen, sonst wurzeln die Pflanzen nur sehr flach. Stützen Sie die Pflanzen rechtzeitig durch alte, stärkere Äste. Dann wachsen die Pflanzen locker durch und bleiben stabil.

TIPP
Diese Stauden dürfen nicht fehlen

Lupine: typische Bauerngartenpflanze! Erlebt eine Renaissance.
Phlox: Auch wenn er manchmal an Mehltau leidet – er ist eine Pracht.
Pfingstrose: Ein Juni ohne Pfingstrose – unvorstellbar. Einige duften herrlich.
Kissenaster: im Herbst eine Augenweide, für Bienen eine Nektartankstelle.
Frauenmantel: Die samtigen Blätter sind eine ideale Begrenzung für Beete und Wege.

HABEN SIE KEINE LÄUSE?

Tage, an denen wir unsere Gartentür öffnen, sind anstrengend, aber auch durchaus unterhaltsam. Wenn 50 Damen (und einige wenige Herren) an einigen bestimmten Samstagen auf Entdeckungsreise in meinen Garten kommen, dann ist das ein Stück britische Gartenkultur, die ich nach Österreich gebracht habe. In England sind nicht weniger als 3 700 private Gärten im »Yellow book« – im gelben Buch – mit den Tagen, an denen die Gartentür offen bleibt, verzeichnet.

Bei uns gibt's nach Kaffee und fünf Mehlspeiskostproben, die meine Ulli zaubert, eine Vorstellung des Gartens. Dann darf jeder überall hingehen und sich alles ansehen. Nach etwa einer halben Stunde kommen die Entdecker(-innen!) retour – dann wird gefragt. Nicht, warum der Wein heuer so schön wächst oder die 130 Pelargonien im Glashaus eine Wucht sind. Nein, es folgen Fragen wie: »Haben sie keine Läuse?« Oder: »Wo sind ihre Schnecken?« Auf die erste Frage antwortet der kecke Gartenliebhaber meist mit einem Kratzen des Haupthaares und der Feststellung: »Nicht dass ich wüsste …« Auf die zweite Frage hat heuer meine Frau die Antwort definiert: »Die haben heute frei!«

An diese Fragen gewöhnt man sich und findet sie unterhaltsam. Gar nicht abfinden kann ich mich aber mit Besuchern, die nach nur wenigen Minuten Aufenthalt schon ihr Resümee ziehen: »Nein, so viel Arbeit!« Denn was ist Arbeit? Immer nur Schlechtes? Welcher Sportler würde schon sagen, dass das Training »eine ziemliche Arbeit« war. Nein, man war voll dabei, wollte sich auspowern und hat so gewonnen. Sonst müssten Reporter nach einem Marathonsieg fragen: »Aber anstrengend war es doch?«. Dafür hätte wohl keiner Verständnis. In diesem Sinne: Erholen Sie sich und genießen Sie!

HOCHSOMMER
Juni – Juli

LINDENDUFT UND URLAUBSGEFÜHL

Für mich sind diese Tage die schönsten. So sehr ich den Frühling und Frühsommer schätze, aber wenn dann keine Termine mehr im Kalender stehen, reicht die Sporthose und der Tag beginnt mit einem Frühstück im Garten. Der Duft der Linden streicht durch die Straßen und signalisiert nicht nur: Es ist **Hochsommer**, sondern es ist auch Urlaubszeit. Die große Beerenernte ist eines der Highlights: Ob Heidel-, Himbeeren oder die erfrischend sauren Ribiseln, wie bei uns die Johannisbeeren heißen, an heißen Tagen bleibt die Küche kalt. Kühles Joghurt und die frisch gepflückten Beeren sind das Gartenmenü. Da können die Hundstage kommen, wie sie wollen – bei uns ist relaxen angesagt.

CHECKLISTE FÜR DEN HOCHSOMMER

ZIERGARTEN

* Bei großer Hitze den **RASEN** nicht zu kurz schneiden – Stufe vier bis fünf ist ideal.
* **BLUMENWIESEN** werden ungefähr Ende Juni (Sommersonnenwende) das erste Mal gemäht.
* Für das kommende Jahr **ZWEIJÄHRIGE,** wie Vergissmeinnicht, Stiefmütterchen und Goldlack, aussäen. Die Saatschalen müssen ganz kühl stehen, sonst keimen die Samen nicht.
* Bei den mehrmals blühenden **ROSEN** weiterhin das Verblühte ausputzen.
* Ab Ende Juni – man sagt rund um die Sommersonnenwende – ist es Zeit, die laubabwerfenden **HECKEN** zu **SCHNEIDEN**. Nach wie vor achten wir aber auf die Vogelnester, die da und dort

Hochsommer

NUTZGARTEN

* Noch kann Gemüse **GEPFLANZT** werden: Kohlrabi, Brokkoli und Salate.
* **AUSGESÄT** werden Endivien, Buschbohnen, Radieschen, Rettich, Chinakohl.
* Freie Beete mit **GRÜNDÜNGUNG** (z. B. Perserklee, Gelbsenf, Ölrettich) einsäen (Seite 45).
* Bei **TOMATEN** regelmäßig Seitentriebe aus den Blattachseln ausbrechen. Zu große Triebe aber lieber belassen. Die großen Wunden wären eine Eintrittsstelle für Pilzerkrankungen.
* **GURKEN** unbedingt ausreichend gießen, da sie sonst einen bitteren Geschmack bekommen. Zu Beginn des Hochsommers lohnt sich sogar eine zweite Aussaat – die Gurken reifen dann im Spätsommer.
* **SOMMERSCHNITT** bei Obstbäumen bringt Licht ins Kroneninnere. Nicht zu viel schneiden, denn die Regel heißt: Je mehr geschnitten wird, desto stärker ist das Wachstum. Besser »Wassertriebe« nach unten biegen und festbinden.
* Bei **HIMBEEREN** und **BROMBEEREN** sollte man die Neutriebe am Gerüst befestigen.
* Alle **BEERENSTRÄUCHER** können nach der Ernte ausgelichtet werden.

schon wieder gefüllt sind. Immergrüne Hecken nur an trüben Tagen schneiden, damit es zu keinen Blattschäden durch Sonnenbrand kommt.

* Anfang August, manchmal auch schon Ende Juli, schlüpfen die Larven des gefürchteten **GEFURCHTEN DICKMAULRÜSSLERS** (Seite 57). Diese Larven können an den Wurzeln von Rhododendren, Azaleen, Ziersträuchern, Johannisbeeren und Erdbeeren große Fraßschäden verursachen. Die beste und bequemste Bekämpfungsmöglichkeit sind im Handel erhältlich Nematoden, die im September ausgebracht werden. Die Fadenwürmer sind die natürlichen Feinde der Larven.

TOPFGARTEN

* Viele **BALKONBLUMEN** haben im Hochsommer eine Blühpause. Diese kann einerseits durch die fehlende Kühle in der Nacht verursacht werden (z. B. bei den jetzt wieder so beliebten Nelken), andererseits durch zu viel Samenansatz (z. B. bei Fuchsien). Daher gut düngen, Verblühtes ausschneiden und die Pflanzen werden in wenigen Tagen wieder Blüten ansetzen.

SECHS TIPPS FÜRS RICHTIGE GIEßEN

Wenn der Frühsommer ins Land zieht, dann beginnt der große Durst – auch bei den Pflanzen! Sie wachsen nun kräftig und benötigen Feuchtigkeit. Aber nicht zu oft, sondern lieber kräftig gießen und dann wieder ein paar Tage »die Wurzeln nach Wasser suchen lassen«! Meine wichtigen Tipps dazu:

Weniger oft, dafür intensiver: Eingewachsene Beete sollten lieber alle drei, vier Tage intensiv gewässert werden. »Durchdringend«, wie die Gärtner sagen und meinen 20–30 l (!) pro m^2. Das gilt auch für den Rasen – wenn man ihn wässert.

Regenwasser statt Leitungswasser: Nicht nur für die Geldtasche ist es besser, auch die Pflanzen mögen das (kalkfreie) Regenwasser lieber. Daher sammeln, was geht, und vielleicht überlegen, wo man einen unterirdischen Tank einbauen kann. Dennoch: besser Leitungswasser als keines …

Mulchen ersetzt das Gießen: Wer den Boden mit

Rasenschnitt, Rindenhumus, Holzfaser, Schafwolle oder den vielen anderen erhältlichen Mulchmaterialien (Seite 54) bedeckt, der muss weniger gießen. Das gilt auch im Gemüsegarten und im Gewächshaus.

Welche automatische Bewässerung ist ideal? Profis setzen auf fix installierte Regner, die im Boden versinken. Leicht selbst installieren lassen sich Perlschläuche, die das Wasser auch dorthin bringen, wo die Pflanzen es brauchen. Bei den Töpfen ist »Tropfblumat« (ohne Elektronik und für jeden Topf steuerbar) am einfachsten zu installieren.

Balkonkisterl und Kübelpflanzen: Sie sind auf die rettenden Tropfen angewiesen, denn hier gibt es keine Vorräte in der Tiefe, die angezapft werden können. Daher: täglich gießen, manchmal (Hanging Baskets) auch zweimal. Für Kübelpflanzen wie den Oleander ist nun ein Fußbad ideal – sonst gibt's gelbe Blätter.

Wer viel gießt, muss auch düngen: Bei allen Kübel- und Topfblumen gilt: Der Sommer ist die Hauptwachstumszeit. Daher muss nun regelmäßig gedüngt werden. Flüssigdünger in geringer Dosierung bei jedem zweiten Gießen dazugeben.

AM MORGEN ODER AM ABEND?

Kein Thema wird intensiver diskutiert – auch unter Experten: Wann gießen? Ich sehe es locker!

> Bei mir sieht's aus wie in der Wüste! Soll ich gießen?

> **Plo:** Hätt' bald gesagt: No na! Ja, unbedingt oder willst einen Wüstengarten?

> Hab aber keine Zeit morgens: Early Bird – gehe früh in die Arbeit. Und am Abend, sagst du, darf man doch nicht, oder?

> **Plo:** Stimmt, aber wenn man nicht anders kann, dann besser am Abend als gar nicht!

> Warum ist es abends eigentlich schlecht?

> **Plo:** Nasse Blätter sind die ideale Grundlage für Pilzerkrankungen und die Schnecken mögen die Feuchtigkeit auch!

> Aha – und was mach ich jetzt?

> **Plo:** Gießen!!! – Denn Trockenblumen sind nicht das Ziel ;-)) Je früher am Abend, umso besser!

> Danke – bin schon beim Schlauch!

SO WIRD RICHTIG GEDÜNGT

Ob im Zimmer, auf dem Balkon oder im Garten – Pflanzen benötigen Nährstoffe. Neueinsteiger sagen sich oft: »Und wer düngt in der Natur? Bei mir müssen sich die Pflanzen die Nährstoffe selbst suchen!« Gesundes, kräftiges Wachstum gibt es aber nur mit ausgewogener Düngung.

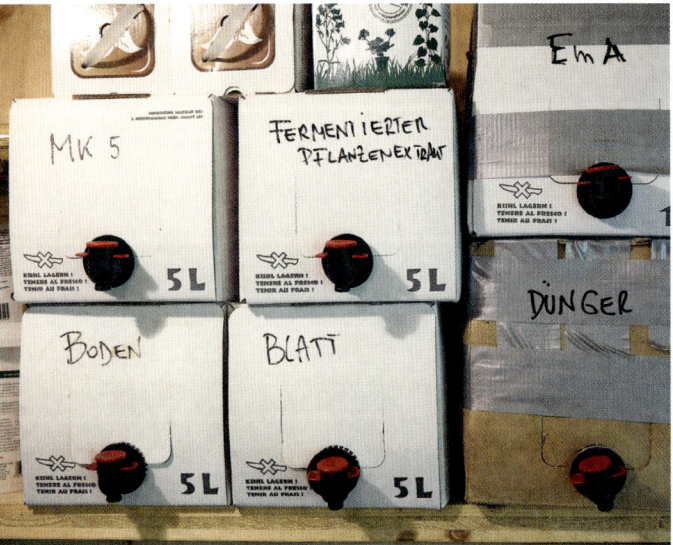

OBEN Kompost (ganz oben) zählt zum wichtigsten Nährstofflieferanten im Biogarten. Doch zahlreiche Mittel wie Effektive Mikroorganismen helfen, die Pflanzen kräftig zu halten.

Als **Faustregel** sollte gelten: So viel wie nötig, so wenig wie möglich. Auch wenn man die Pflanzen mit Bionährstoffen (Mist, Kompost, organischer Dünger) versorgt, heißt es, Augenmaß zu bewahren. Typisches Zeichen für **Nährstoffmangel** sind gelbe Blätter – hier fehlt der Hauptnährstoff Stickstoff, auf der Düngerpackung als »N« zu erkennen. In Hornspänen oder Zuckerrübenvinasse enthalten. **Bodenpflege** ist wichtiger als jede unüberlegte Düngergabe. Den Boden sanft lockern und regelmäßig mit Kompost versorgen. Das »schwarze Gold« ist der beste Humus- und Nährstofflieferant. »**Weniger, dafür häufiger**«, ist eine sichere Ausgangsbasis für fast alle Düngergaben. Gerade bei Flüssigdüngern kommt es bei unsachgemäßer, meist überdosierter Anwendung zu schwerwiegenden Folgen im Wachstum.

Alle **Biodünger** – z. B. Hornspäne, -mehl, Pellets aus Schweineborsten, Zuckerrübenvinasse, Malzdünger – sind Langzeitdünger. Sie wirken nur dann optimal, wenn das Bodenleben aktiv ist und die Stoffe aufbereitet. Daher immer Kompost in solche Erden einmischen, er sorgt für »belebte« Erden. In »toter« Erde wirken diese Dünger nicht.

Nur in der **Hauptwachstumszeit** düngen. Auch hier gibt es eine Faustregel : Nach dem 15. August nicht mehr düngen bzw. nur noch sogenannte Herbstdünger anwenden. Sie enthalten mehr Kalium (K), das zum Ausreifen der Triebe führt und die Frostfestigkeit stärkt.

DER SOMMER IST GERETTET

Solche Sommer hat es früher nicht gegeben. Da war es heiß und trocken, als Kinder sind wir wochenlang im Bad gewesen. Und jetzt immer wieder Regen! Aber einige wenige Tage Sonnenschein reichen und die Welt ist wieder in Ordnung – und alles ist vergessen.

Zu Beginn des Sommers wird prophezeit: Ob am Stammtisch, beim Gärtner, bei der Tankstelle – wenn da ein Hoch sich bildet und dann das Tief dagegenhält, dann ist der Sommer gerettet. Ein Jahrhundertsommer kommt. Der Sommer (oder Nicht-Sommer) zieht ins Land. Und wieder wird analysiert. Das Hoch ist zu schwach, das Tief zu stark – das wird nichts mehr. Dramatik breitet sich aus. Missstimmung macht sich breit. Urlaube werden in fernen Landen gebucht.

Und dann – ganz plötzlich! Eine Hitzewelle ist da. Über Nacht klettern die Temperaturen auf jenseits der 30-Grad-Grenze. Und wieder wird analysiert: Wenn jetzt das Hoch da ist, dann könnte das ein Tief auslösen und das bedeutet, der Winter wird …

Was auch immer! Wir Gartenliebhaber jammern auch über das Wetter, sind aber dann völlig überrascht, was so manche (ungewollte) Wetterlage mit sich bringt. Manchmal – das kann man generell sagen – ist es ein Jahr des Rasens. So herrlich wächst er bei ausreichend Regen. Aber auch Himbeeren, Brombeeren und Heidelbeeren gibt es dann im Übermaß. Rosen und Oleander mögen dieses Wetter nicht so sehr. In anderen Jahren haben sie aber die Nase vorn.

Aber so ist das eben, ein Auf und Ab. Klimawandel hin oder her: Die Sommer waren immer einmal so und einmal so. Nur manches verdrängen wir. Wie sonst wäre Rudi Carrell auf die Idee gekommen »Wann wird's mal wieder richtig Sommer« zu trällern. Und: Das Lied stammt von 1975. Wo der Sommer angeblich noch ein Sommer war …

MEDITERRANE TRÄUME FÜR HEIMISCHE GÄRTEN

Sonne, Sand und Meer und dazu Palmen, Zitronen und der Duft von Kräutern – das verbinden wir mit unserem Urlaub in Italien, Frankreich oder wo auch immer am Meer. Das Wetter werden wir hier bei uns nicht ändern können, aber wir können versuchen, bei der Gestaltung unserer Gärten ein wenig mediterrane Stimmung zu verbreiten.

Unser »Toskanischer Topfgarten« ist erst wenige Jahre alt und schon zum liebsten Platz im Garten geworden. Die Ziegelmauern machen aus dem Garten ein Wohnzimmer im Grünen, in dem wir vom ersten Frühlingstag bis zum letzten Sonnenstrahl im Herbst leben. Umgeben sind wir von zahlreichen Kübelpflanzen, die ich allesamt liebe – auch wenn man sie Jahr für Jahr ins frostfreie Glashaus bringen muss. Doch Duft und Früchte der großen Orangen- und Zitronenbäume sind der Lohn. Besonders im Mai ist der Garten nicht nur durch die Pracht der Tulpen in den Beeten eine Augenweide, sondern auch durch die beginnende Zitrusblüte eine Oase des Duftes. Dazu kommen die vielen Kräuter, die in Töpfen aufgereiht sind. Alle gleich in wenigen Schritten Entfernung von der Küche, denn unser Garten ist nicht nur zum Anschauen, sondern auch zum »Verkosten«. Übrigens alle meine Orangen, Zitronen und Mandarinen landen auf dem Teller, denn sie werden nie gespritzt, sondern nur biologisch gegen Schildlaus & Co. behandelt. Das Wichtigste bei den Zitruspflanzen ist aber nicht nur der sonnigste Platz, sondern die ausreichende Düngerversorgung. Wird biologisch gedüngt, dann gebe ich im Mai eine Handvoll organischen Rhododendrondünger auf die Töpfe und arbeite sie zusammen mit Kompost und Quarzsand ein. Etwa drei Wochen später beginne ich dann flüssig zu düngen – alle drei Tage.

MEIN FAVORIT:
Chinesische Hanfpalme

Wollige Stämme, große fingerförmige Blätter, dazu das typische Rascheln im Wind – das sind die robusten Chinesischen Hanfpalmen (*Trachycarpus fortunei*). Oft werden sie als winterhart verkauft, was aber so nicht stimmt. Im Weinbauklima überleben sie (meist), denn bis −5 oder −6 °C gibt es kurzzeitig kein Problem. Doch lange Frostperioden überstehen sie nicht und müssen geschützt werden. Bei mir kommen sie ins Gewächshaus, in den Teil, der frostfrei gehalten wird. Schon im April wandern sie wieder in den Garten und stehen hier bis in den November, oft mit Schneehaube.

VIER-STERNE-HOTEL ALS NATURGARTENIDYLLE

Insektenhäuser in den unterschiedlichsten Varianten sind seit einigen Jahren ein begehrtes Gartenobjekt. Sie sind aber nicht nur dekorativ, sondern auch nützlich, wenn man sie richtig baut. Ganz wichtig: Keine der Schwebfliegen und Solitärbienen ist sozial organisiert, es besteht also keine Gefahr eines sozialen Verteidigungsverhaltens – Stichwort Stechen!

OBEN Ein Nützlingshotel sollte für alle Nistarten geeignete Materialien zur Verfügung stellen, z. B. Holz, Stroh, Zapfen, Lehm oder Ziegelsteine.

Welche Insekten in einem Hotel tatsächlich nisten, kann gar nicht so leicht gesagt werden. Es hängt einerseits ab von der Art der Nisthilfen (Holz-, Halm-, Boden- oder Lehmbewohner), andererseits aber auch vom Umfeld: Welche Pflanzen und welche Blüten sind im Garten zu finden? Und daher lautet der Auftrag an alle Insektenhotel-Errichter – auch der »Wellnessbereich« muss passen, das heißt, der Garten muss viele naturnahe Ecken haben – mit einfachen Blüten, in denen die Insekten auch tatsächlich Nektar und Honig finden.

Standort und Materialien: Es sollte einen festen Standort haben (nicht im Wind pendeln), immer vor Regen geschützt in südlicher bis westlicher Richtung positioniert werden und nicht im Schatten stehen. Verwenden Sie kein Weichholz, das reduziert die Chance der Besiedelung, besser ist Buchen- oder Eichenholz. Bei den Hölzern gilt 2–10 mm Bohrdurchmesser, etwa 2 cm Abstand der einzelnen Löcher, Bohrtiefe ca. 8 cm Und: Ganz sauber bohren! Sind Holzteile zu sehen, gehen keine Insekten rein, weil sie sich die Flügel zerreißen würden.

Das sind die Bewohner: In Österreich, Deutschland und der Schweiz leben 690 Bienenarten, 100 Faltenwespenarten, 300 Grabwespenarten, 70 Goldwespenarten, 5 Keulenwespenarten, 15 Schmalbauchwespen (alles Circaangaben), um nur die wichtigsten Gruppen zu nennen, die sich über Nisthilfen freuen.

EIN HÖR-»KRIMI« IM GARTEN

Ein Garten hat immer wieder Überraschungen parat. Gerade so einer wie meiner es ist: Da eine neue Pflanze, dort ein noch nie gesehenes Insekt und manchmal auch gar undefinierbare Geräusche. Zurzeit sind es die »jammernden« Katzen, die vorm Schlafzimmerfenster wie kleine Kinder schreien. Beim ersten Mal kam die Tochter noch ganz verschreckt gelaufen – jetzt weiß sie sich zu helfen: Einmal laut »pscht« gerufen und der Spuk ist wieder vorbei.

Ganz anders war es vor ein paar Jahren auf der Terrasse – an einem glühend heißen Augusttag: Ich lag im Schatten unter der Markise und genoss die absolute Stille. Absolute Stille? Nein, da war ein Kratzen, als ob jemand am Holz des Wintergartens nagt. Vorbei war es mit der Entspannung – das Herz des Detektivs erwachte …

Wintergarten war Fehlanzeige – je näher ich kam, desto leiser wurde es. Doch bei der Holzgarnitur? Wieder daneben – es kommt aber aus dieser Richtung. Doch kaum kam ich in die Nähe, war es vorbei. Also abwarten und hinlegen – ein Schluck Sommerspritzer und dahindösen … Da war das Geräusch wieder: Sind es gar die Wühlmäuse, die im Terrassenbeet knabbern?

»Inspektor Plo« legt sich auf die Lauer – einmal ist das Geräusch da, dann wieder nicht. Kaum war ich beim Beet, war es ruhig, kaum lag ich auf der Bank, war es wieder da. Doch ein Tinitus? Nein! Das Hirn des Naturfreundes begann zu kombinieren. Wer braucht geraspeltes Holz? Na klar, die Wespen!

Tatsächlich: An einem hölzernen Windschutz nagten sie und wie bei einem Instrument verstärkte sich der Ton. Rätsel gelöst! Ich konnte endlich weiterdösen – während lautlos die Wühlmäuse die Rosenwurzeln anknabberten.

SPÄTSOMMER
August

DER SOMMER SAGT LEISE SERVUS

Tagsüber glühende Hitze, aber schon ein kühles Lüfterl am Abend. Und da und dort tauchen bereits die ersten Nebelschwaden am Morgen auf. Geht der Sommer schon zu Ende? Nein, aber der **Spätsommer** kündigt sich mit der Ernte der ersten Äpfel an: Kläräpfel werden reif und sind die Zeigerpflanze für diese phänologische Jahreszeit. Im Garten selbst ist eine ganz ruhige Zeit. Ernten, gießen, aufbinden, ausschneiden und die Einjährigen düngen – mehr ist nicht mehr zu tun. Ah doch: die Wärme innerlich speichern und die sonnigen Tage genießen. Ein Spaziergang durch den Garten, ein wenig fotografieren und sich Ideen für die Gestaltung im kommenden Jahr oder neue Projekte holen. Herrlich, diese Tage ohne Stress!

CHECKLISTE FÜR DEN SPÄTSOMMER

ZIERGARTEN

* Bei großer Hitze niemals tagsüber, sondern in den Morgen- oder Abendstunden **GIESSEN**.
* Im **STAUDENBEET** alle hoch wachsenden Pflanzen wie Dahlien aufbinden. Verblühte Stauden ausschneiden und Staudenmohn, Akeleien und Lupinen zurückschneiden.
* Ob die zarten Blüten der Schmuckkörbchen (Cosmeen), die duftenden Bartnelken oder auch die Akeleien: Sie alle lassen sich durch Samen leicht vermehren. Jetzt die **SAMEN ERNTEN**, trocknen und in Papiersäckchen abfüllen und aufbewahren (Seite 106). So manche Portion verstreue ich aber gleich jetzt, dann gibt's Blüten, wie von Natur gezaubert.

TOPFGARTEN

* Die **BALKONBLUMEN** verlangen an heißen Tagen bis zu zwei Wassergaben täglich. Regelmäßiges Düngen hilft, den Blütenflor bis spät in den Herbst zu verlängern. Gerade bei Surfinen tritt ohne Dünger häufig um diese Zeit der Mehltau auf!
* **KÜBELPFLANZEN**, die überwintert werden, bekommen nur noch bis Mitte August Dünger (Seite 107). Mit Beginn des Spätsommers wird die Nährstoffversorgung eingestellt, damit die Pflanzen nicht mit zu viel Schwung ins Winterquartier kommen.
* Von vielen Pflanzen lassen sich ganz leicht sogenannte **STECKLINGE** machen (Seite 108).

NUTZGARTEN

* Das eine oder andere Beet im Küchengarten ist abgeerntet. Kompost dünn auftragen und **GRÜNDÜNGUNGSPFLANZEN** (Seite 45) aussäen. Gelbsenf, Ölrettich (bei schweren Böden) und Bienenfreund keimen rasch und bleiben bis zum Frühjahr stehen. Die abgefrorenen Pflanzenteile dann gleich als Mulch liegen lassen.

* **TOMATEN** weiterhin laufend ausgeizen und die untersten Blätter bzw. kranke Pflanzenteile entfernen. Kommt der große Regen, tritt an Tomaten Krautfäule auf. Befallene Pflanzenteile entfernen und den Stauden ein »Dach« aus Folie geben. Stäuben mit Urgesteinsmehl hält diese gefürchtete Krankheit etwas zurück.
* Endivien, Asiasalate, aber auch Rettich, Kohlrabi und sogar Karotten lassen sich jetzt noch **SÄEN** (Seite 102). Letztere werden ganz klein geerntet und mit dem Kraut für den Salat verwendet.
* **KRÄUTER**, die sich zum **TROCKNEN** eignen, an sonnigen Tagen in den Vormittagsstunden ernten und im Schatten luftig aufhängen. Der Sommerduft kehrt im Winter als Tee wieder.
* **ERNTE** von Pfirsichen, Zwetschgen, Pflaumen, Frühbirnen und frühen Äpfeln. Auch die Brombeeren sind jetzt reif. Was nicht verzehrt wird, kann konserviert werden (Seite 104).
* Nach der Ernte können alle **KERNOBSTARTEN** ausgelichtet werden.
* Wenn nicht schon im Vormonat geschehen, werden auch die **BEERENSTRÄUCHER** nach der Ernte geschnitten. Bei Johannis- und Stachelbeeren werden zwei oder drei alte Triebe bodeneben (!) entfernt, damit bleibt der Strauch vital.

FLOTTES GEMÜSE FÜR DEN HERBST

Noch ist das Gartenjahr längst nicht vorbei, und wer jetzt die richtigen Pflanzen wählt, kann schon in wenigen Wochen eine Ernte einfahren. Gerade die letzten Garten-»Vitamine«, die dann Ende Oktober und bei milder Witterung bis in den November hinein geerntet werden, sind die köstlichsten.

Bei mir wird z. B. im Spätsommer noch **Kohlrabi** gepflanzt. Die dann gesetzten Pflänzchen liefern zwar nicht mehr die großen Früchte, aber schmackhaft sind sie dennoch. Auch im Kisterl oder sogar in größeren Blumentöpfen lässt sich dieses Gemüse perfekt kultivieren. Noch flotter sind alle **Pflücksalate** mit den klingenden Namen 'Lollo bionda' (ein grüner mit gekrausten Blättern) oder 'Hohlblättriger Butter' (ein grüner Schnittsalat) oder der beliebte 'Red Salat Bowl' (ein rotblättriger Eichblattsalat). Nach spätestens sechs bis acht Wochen kann geerntet werden.

Ein Tipp: Setzt man vorgezogene Pflanzen, dann die Erdballen nur zur Hälfte eingraben – so tritt Fäulnis nicht so häufig auf. Gerade im Spätsommer und Herbst, wenn es wieder mehr regnet und die Nächte kühler werden, kann das ein Problem sein.

MEIN FAVORIT:
Kapuzinerkresse

Ich liebe im Garten die Vielfalt – Blühendes gemischt mit Essbarem. Eine Pflanze, die beides vereint, ist die Kapuzinerkresse. Wer also auch noch optisch etwas für seinen Gemüsegarten machen will, der sollte doch ganz einfach die Kapuzinerkresse aussäen. Sie keimt rasch, bildet viele Blätter und Blüten, die dann auch in der Küche verwendet werden können, z. B. im Salat machen sich die bunten Blütentupfer sehr gut.

JUNGES GEMÜSE AUCH IM SPÄTSOMMER

Der Tipp, »junges Gemüse« im Herbst auszusäen, den ich vor vielen Jahren auf einer Gartenreise entdeckt habe, brachte mich auf die Idee und wird schon nachgeahmt.

Ich hab bei dir im September ganz kleine Karottenpflänzchen gesehen – bist wohl zu spät dran!

Plo: Ha, Ha, Ha – das glauben viele. Aber so ist das nicht. Der »faule Gärtner« hat nichts verschlafen, sondern bewusst erst vor wenigen Tagen die Karotten gesät.

… und das wird aber nichts mehr – oder?

Plo: Doch! Keine dicke Rübe. Aber ganz zarte feine Würze. Ich nehme dann die Karotten mitsamt dem Kraut für den Salat. Klein geschnitten schmeckt es hervorragend.

… geht das auch mit anderem Gemüse?

Plo: Ja! Radieschen und sogar Erbsen lassen sich so als späte Vitaminspender heranziehen. Immer die ganze Pflanze verwenden.

Genial! Das werde ich gleich nachmachen. Bin dann mal im Garten! Bis bald!

ERNTEN IST DER LOHN

Der Gemüsegarten ist voller Köstlichkeiten, im Beerengarten gibt es Berge von Früchten und das Kräuterbeet quillt über voll duftender Pflanzen. Doch wie kann man das alles »festhalten« – im wahrsten Sinne des Wortes? Hier meine Konservierungstipps:

OBEN Hochwertiges Olivenöl wird mit den frischen Kräutern aus dem Garten verfeinert. Der würzige Schatz des Sommers bleibt so bis in den Winter erhalten.

Gemüse können am besten verarbeitet und in Einkochgläsern haltbar gemacht werden. Es gibt nichts Köstlicheres, als Tomatensugo aus dem eigenen Garten im Winter zu servieren. Oder Gurken – als Essig- oder Senfgurke haltbar gemacht. Bei den Beeren bevorzugen wir den Gefrierschrank – portioniert, damit das Morgenmüsli immer an den Sommer erinnert. Und bei den Kräutern setzen wir meist auf Öl mit dem Duft der würzigen Gartenpflanzen. Was wäre mein Henderl am Sonntag ohne das selbst gemachte Rosmarinöl. Oder die Kräutermischung, fertig portioniert, eingefroren in kleinen Dosen, als Zugabe für Salat oder die Suppe.

TIPP

Würze aus dem Blumentopf

Petersilienwurzeln, Karotten, Pastinaken kann man in Sandkisten (Seite 133) im Keller hervorragend aufbewahren – wenn der Keller kühl genug ist. Aber es gibt noch eine Möglichkeit, die Vitalität der Rüben zu nutzen. So spät wie möglich aus der Erde holen (November), in Töpfe setzen und auf die Fensterbank stellen. Die kleinen Blättchen, die sich bilden, kann man als frisches Grün in den Salat streuen.

EINE STUNDE GARTELN IST WIE EIN TAG URLAUB

Hier will ich einmal nur die ganz echten enthusiastischen Gartlerinnen und Gartler ansprechen. Diejenigen, die sich schon seit Wochen auf den Urlaub freuen, um dann endlich den Garten genießen zu können. Diejenigen, die nur darauf warten, dass der Liegestuhl im Garten steht, dass ein kühler Sommerspritzer auf dem Terrassentisch wartet und diejenigen, die ihre Erdbeeren frisch aus dem Garten holen, um sie danach mit kühlem Joghurt zu genießen.

Genau diejenigen sind es nämlich, die den Garten verschlingen, in ihm aufgehen und aufleben. Bei diesen »echten« Gartlern ist es dann so, wie bei mir: Wir setzen uns auf die Terrasse, genießen den Spritzer mit einem frischen Zitronenverbenenblatt, löffeln die Walderdbeeren mit Joghurt und legen uns in den Liegestuhl. Wir blättern in Gartenbüchern, in Gartenzeitschriften und … erblicken über den Rand der Sonnenbrille einen vertrockneten Ast bei einer Rose. »Na, den schneide ich aber jetzt ab«!

Schwupps hat man die Rosenhandschuhe an, die Baumschere und einen großen Korb geholt und weil man schon dabei ist, kann freilich auch der generelle Rückschnitt nach der Rosenblüte »mitgehen« und die Wildtriebe entfernt werden. Und weil man schon beim Schneiden ist, das Mandelbäumchen wartet noch auf die »Frisur« und die Weide gehört auch noch gestutzt. Sie sollen ja unbedingt im nächsten Jahr wieder bühen!

»Wie lange können Sie im Garten sitzen?« fragte mich kürzlich eine Besucherin in meinem Garten. Ich hab ehrlich geantwortet – »weniger als zehn Minuten …«. Aber genau das ist mein Urlaub – Garteln ohne Muss. Werkeln ohne Auftrag. Nicht umsonst sag ich: »Eine Stunde Garteln ist wie ein Tag Urlaub«.

SAMMELN FÜR DIE NÄCHSTE BLÜTENPRACHT

Wer im Frühjahr die Samenregale in den Gartencentern betrachtet, wird kaum dem Angebot widerstehen können. Die Liste ist lang und die Kosten nicht unerheblich. Daher sollte man einfach einmal zum »Samenhändler« mutieren und jetzt die Samen ernten. Zwar gibt es viele Hybridsorten, die im kommenden Jahr aus den Samen ganz anders blühen, dennoch lohnt sich der Versuch.

Geerntet werden nur ganz abgetrocknete Samenstände an Tagen ohne Regen. Am besten um die Mittagszeit, da sind sie ganz trocken. Auf einem Servierbrett, mit Küchenpapier ausgelegt, lasse ich sie noch einige Tage im Haus nachtrocknen, ehe ich die Samenkapseln entferne und danach die Samen in kleine Papiersäckchen abpacke. Beschriften nicht vergessen! Aufbewahrt werden die Samen an einem kühlen, dunklen Platz, am besten in gut verschließbaren Glasdosen.

OBEN Klatschmohn (ganz oben) oder Kosmeen (unten) lassen sich Jahr für Jahr durch Samen aussäen. Die größten und schönsten Blüten werden fürs Saatgutsammeln verwendet.

> **TIPP**
>
> ### Hier lohnt sich die Samenernte
>
> **Studentenblumen** sind besonders wuchsfreudig und setzen viele Samen an. Von den beliebten **Schmuckkörbchen** werden Dutzende neue Sorten angeboten – die eigene Samenernte bringt sicher einige überraschende Blütenformen. **Kornblumen** und **Jungfer im Grünen** sind im Blumenbeet eine Zierde oder werden breitwürfig in der Blumenwiese eingesät. **Mohn** und **Sonnenblumen** sind schöne alte Bauerngartenblumen. Genau so sollte man auch vom **Fingerhut** Samen ernten.

KÜBELPFLANZEN AUF DIÄTKURS

Man will es noch gar nicht wahrhaben – Mitte August ist alljährlich die Zeit, die, mit ein paar Tagen auf oder ab, den Anfang der »Diät«-Zeit für die Kübelpflanzen signalisiert. Schon jetzt sollen sich nämlich diese Pflanzen des Südens im Wachstum einbremsen. Das ist wichtig, damit sie so mit gut ausgereiften Trieben ins Winterquartier gehen.

> **TIPP**
>
> **Schneiden oder nicht schneiden?**
>
> So manche Kübelpflanze, wie mein Oleander, wird Jahr für Jahr größer. Irgendwann kommt der Moment, wo man zur Schere greifen will. Das hält dieses Gehölz grundsätzlich problemlos aus, aber besser im Frühling als im Herbst, denn die Schnittstellen sind Eintrittsstellen für Pilzerkrankungen, die im Winterquartier auftreten können. Beim Schneiden gilt: Niemals die Äste am Ende ein wenig einkürzen, sondern immer ganze Äste bodeneben entfernen. Dann gibt es wieder vitalen neuen Zuwachs.

OBEN Die Früchte meiner Citrus-Sammlung schmecken köstlich. Dank richtiger Pflege gibt es Dutzende davon.

Besonders wichtig ist diese Diät bei allen Zitruspflanzen. So bedeutsam der Dünger von Ende April an ist, so wichtig ist nun, das Wachstum zu bremsen. Wer die Möglichkeit hat, der sollte Ende August einen sogenannten Kalium betonten Dünger geben. Dieser Herbstdünger enthält weniger Stickstoff, dafür mehr Kali. Das ist jener Stoff, der dafür sorgt, dass die Triebe ausreifen, widerstandsfähig gegen Pilzkrankheiten sind und so gut über den Winter kommen.

Spezielle Herbstdünger werden meist nur für den Rasen angeboten. Sie können aber solche Dünger – sofern sie keine Unkrautvernichtungsmittel enthalten – auch für eine einmalige Düngung bei den Kübelpflanzen verwenden. Meist haben auch spezielle Tomatendünger einen erhöhten Kali-Anteil. Neben den Zitrusgewächsen sind auch Oleander, Palmen, Lorbeer und viele andere Topfpflanzen auf der Terrasse für so eine Spezialdüngung im Spätsommer dankbar.

PFLANZENNACHWUCHS SELBST GEZOGEN

Eine der faszinierendsten Möglichkeiten, Pflanzen zu vermehren, ist die sogenannte Stecklingsvermehrung. Fachleute nennen sie auch vegetative Vermehrung, weil diese »Fortpflanzung« ohne »Mann« und »Frau« erfolgt. Der Vorteil: Die neugewonnene Pflanze hat exakt dieselben Eigenschaften wie die ursprüngliche.

Besonders gut durch Stecklinge lassen sich viele Balkonblumen vermehren, wie die Pelargonien, die Fuchsien, aber auch Wandelröschen, Engelstrompeten, Oleander und viele andere mehr. Bei manchen funktioniert das Vermehren sehr leicht, bei einigen dagegen lassen sich die Pflanzen viel Zeit, bis sie Wurzeln schlagen. Wichtig ist, dass man nur jene Pflanzen für die Stecklingsvermehrung hernimmt, die absolut gesund und vital sind, da ansonsten Krankheiten (z. B. bei Pelargonien eine gefürchtete Virusinfektion) verbreitet werden.

Die Pelargonien-Kinderstube

Mit einem scharfen Messer (Gärtnermesser oder ein Teppichmesser) einen Trieb knapp unterhalb eines Blattes abschneiden, sodass etwa drei bis vier Blätter mit dabei sind. Damit die Pflanze nicht schlappmacht, die Blätter halbieren. Sandige Aussaaterde in kleine Töpfe füllen und die Stecklinge 3 cm eindrücken. Absonnig aufstellen und immer wieder übersprühen. In drei Wochen sind die neuen Wurzeln da.

PARADIESISCHE DUFTERLEBNISSE

Jeder kennt diese Momente: Man ist gedanklich irgendwo, plötzlich kommt ein Duft in die Nase und die Erinnerung an ein bestimmtes Erlebnis ist da. Das olfaktorische Gedächtnis ist das stärkste, das der Mensch besitzt.

Kommt bei mir der Duft einer Stephanotis – auf Deutsch Kranzschlinge genannt – in die Nase, dann erinnere ich mich sofort an die ersten Tage meiner Gewächshausgärtnerei als 10-jähriger Bub. Damals erklomm diese Kletterpflanze eine Seite meines selbst gebauten Glashauses und verströmte einen paradiesischen Duft. Oder der Duft nach einem Sommerregen, wenn alles zu dampfen beginnt und man dann barfuß in den Garten geht – Erlebnisse, die man immer wieder mit Erinnerungen an die Kindheit verbindet.

Mein stärkstes Dufterlebnis habe ich aber alljährlich im August, wenn hinterm Haus im Wald die heimischen Cyclamen, das Alpenveilchen, die Blüten öffnen und – nach einem leichten Regen – der intensive Duft wie eine Parfumwolke über dem Waldboden schwebt. Manchmal gibt es einige Tage, manchmal aber auch einige Wochen diesen Duft. So wird meine Laufstrecke zum doppelten Genuss.

In jenen Momenten kann man den Alltag vergessen. Zeit für Tagträume sind angesagt und die sollte man genießen. Es sind genau die Kraftmomente im Laufes eines Tages, die die kostenlosen und nebenwirkungsfreien Psychopharmaka darstellen.

Natürliche Düfte sind viel wirksamer als jene aus der Dose. Und vor allem viel intensiver in der Wirkung. Ein kleines Sträußchen Rosmarin, Lavendel oder Thymian als Mitbringsel vom Urlaub schafft innerhalb von Sekunden eine Rückblende auf die schönsten Stunden des Jahres. Mein Motto lautet: Ein Duft sagt mehr als tausend Worte …

ERNTEFÜLLE UND HOLLERBEEREN

FRÜHHERBST
August – September

Der Duft im Garten wird nun von Tag zu Tag intensiver. Waren es im Sommer die blumigen Gerüche von Rosen, Wicken oder so manchem Citrus, so wird nun der Geruch »erdiger«. Im Wald schießen die Schwammerl aus dem Boden und an feuchteren Stellen im Garten riecht man ebenfalls diesen typischen Herbstgeruch. Die Zeigerpflanze für den **Frühherbst** ist der Holunder. Werden die Beeren reif, dann beginnt diese phänologische Jahreszeit, die geprägt ist von Ernten und den warmen kräftigen Farben, die die Sonne nun in die Blumenbeete zaubert. Das eine oder andere Gehölz färbt bereits Blätter, aber noch ist das Gartenjahr nicht vorbei. Gerade diese ruhigen Tage haben ihren ganz eigenen Zauber.

CHECKLISTE FÜR DEN FRÜHHERBST

ZIERGARTEN

* Zwiebeln von Tulpen, Narzissen und anderen **FRÜHJAHRSBLÜHERN** besorgen und setzen (Seite 114). Vor allem Narzissen sollten früh gepflanzt werden für gute Wurzelbildung.
* Ob Eibe, Buchs oder ein anderes Nadelgehölz – der Herbst ist die beste Zeit zum **EIN- BZW. UMPFLANZEN** (Seite 116). Jetzt entwickeln die Pflanzen noch viele Wurzeln in der warmen Erde. Somit können sie wieder ausreichend Wasser aufnehmen, damit sie im Winter nicht vertrocknen (Achtung, Frosttrocknis-Gefahr).
* Es lauert in kühlen Gegenden schon der erste Frost. **DAHLIEN** sollten da mit einem Vlies geschützt werden, denn oft gibt es nach einem

ersten Frost noch viele schöne Herbsttage. Die Blüten für die Vase abschneiden!

* Gegen Ende Septembers beginnt das **TEILEN VON STAUDEN**, wie Astilben oder Pfingstrosen.
* Für die **NEUANLAGE** oder das Erneuern des **RASENS** beginnt nun wieder die beste Zeit, denn der Boden ist warm, die Saat keimt rasch und es gibt wieder mehr Niederschläge.
* Wer noch keine **GRÄSER** (Seite 120) im Garten hat, wählt nun aus der großen Vielfalt.

TOPFGARTEN

* Nach wie vor gilt: Pelargonien, Fuchsien, Wandelröschen, die **ÜBERWINTERT** werden, sollen nicht gedüngt und nun auch deutlich weniger gegossen werden. Das bremst das Wachstum. Im Wintergarten gibt es sonst Pilzkrankheiten.
* **KÜBELPFLANZEN** bleiben noch im Freien, werden aber gegen Ende des Frühherbstes geschützt aufgestellt – vor allem die empfindlichen, wie Zitruspflanzen oder Fuchsien, die keinen Frost vertragen. Alternative fürs Einräumen: Winterharte »mediterrane« Pflanzen (Seite 122).
* Mit wenig Aufwand lässt sich mit schönen **HERBSTPFLANZEN,** wie Chrysanthemen, Herbstastern, Alpenveilchen oder Eriken, frische Farbe für viele Wochen auf Balkon, Terrasse, oder an den Hauseingang zaubern (Seite 118–119).

NUTZGARTEN

* **GEMÜSE**: In milden Gegenden und im überdachten Frühbeet lassen sich noch Radieschen anbauen. Feldsalat, Spinat oder Winterportulak für Winter und Frühjahr aussäen.
* Noch immer besteht die Möglichkeit **GRÜNDÜNGUNGSPFLANZEN** auszusäen.
* Bei **TOMATEN** die obersten Blüten abzwicken, die Früchte reifen nicht mehr aus. »Köpfen« ist nicht sinnvoll – die Früchte platzen dann meist.
* Abgeerntete Flächen **MULCHEN** – das fördert die Bodenbelebung und die Regenwürmer fühlen sich wohl und lockern den Boden.
* Wo im nächsten Jahr geplant ist, stark zehrendes Gemüse anzubauen, kann man jetzt auf den Beeten **KOMPOST** aufstreuen.
* **APFELERNTE** (Seite 121): Wenn sich der Apfel mit einem Dreh vom Trieb löst, ist der richtige Zeitpunkt. Äpfel mit Druckstellen essen Sie lieber rasch oder verarbeiten sie, denn bei der Lagerung halten nur die unbeschädigten Exemplare. Wintersorten nicht zu früh ernten.
* **FALLOBST** auflesen, da sonst Krankheiten (z. B. Monilia) vertragen werden.
* **HOLUNDERBEEREN** eignen sich zur Verarbeitung, wenn sie richtig ausgereift sind. Bei der Sorte 'Haschberg' reifen alle Beeren gleichzeitig.
* **LEIMRINGE** gegen Frostspannerweibchen um die Obstbaumstämme anbringen.
* **KARTOFFELN** werden geerntet, sobald das Kraut komplett abgetrocknet ist. Nie in der Sonne abtrocknen lassen, die Knollen werden sonst grün und sind nicht mehr genießbar.

ZWIEBELBLUMEN MACHEN DAS FRÜHJAHR BUNT

Träumen gehört zum Gärtnern. Wer sieht nicht die blühenden Beete vor sich, wenn er Tulpen und Narzissen in die Erde steckt? Gelbe und rote Felder – wie in einem holländischen Tourismusfolder. Die Realität sieht dann zwar anders aus, aber der Grundstock wird nun gelegt. Am besten gefällt es mir, wenn die Blumenzwiebeln naturnah gepflanzt werden.

Blumenzwiebeln im Rasen: Das Pflanzen ist ganz einfach: Mit einem Spaten einen Rasenziegel ausstechen, die darunter befindliche Erde lockern, mit etwas Kompost und Langzeitdünger in Form von Hornspänen mischen und Schneeglöckchen, Krokusse und kleine Narzissen pflanzen. Anschließend wird der Rasenziegel wieder darüber gelegt und festgetreten. Nach wenigen Tagen ist die Pflanzstelle nicht mehr zu erkennen.

Blütenteppich unter Sträuchern: Besonders hübsch sind Zwiebel-Blumenteppiche unter

PSST! MEIN GEHEIMTIPP
Zwiebelblumen im Topf

* Ob Tulpen, Narzissen oder auch Krokusse oder Schneeglöckchen – sie alle lassen sich hervorragend in Töpfen ziehen. Je nach Wuchshöhe die passende Topfgröße wählen, Abzugloch mit Tonscherben abdecken und eine Schicht Kies als Drainage einfüllen. Dann eine sandige Erde einfüllen und die Zwiebeln pflanzen. Tulpen und Narzissen können in zwei Etagen gesetzt werden, dann ist die Wirkung noch besser. Mit Erde auffüllen, leicht andrücken und mit Kies abdecken und im Frühjahr die Töpfe arrangieren.

Hecken oder Bäumen. Dort hat man später auch keine Probleme mit dem Rasenmähen. Die Zwiebeln werden nur dann jedes Jahr wieder blühen, wenn sie Zeit haben einzuziehen. Einige Hundert Zwiebeln zu pflanzen wäre allerdings eine »Monsterarbeit«. Daher streuen Sie die Zwiebeln unter Bäume und geben anschließend eine Schicht Erde (gut abgelagerten Kompost) und etwas Rindenmulch darüber. So sind Narzissen & Co. rasch gepflanzt und sehen prächtig aus.

Blumenzwiebeln im Beet: Damit der Frühling richtig bunt wird, werden bei mir auch in den Staudenbeeten Blumenzwiebeln gepflanzt. Auch hier setze ich auf eine naturnahe Gestaltung. Das bedeutet, dass Tulpen, Narzissen oder Zierlauch nicht in Reih und Glied stehen, sondern fließend zwischen den Stauden platziert werden. Ganz wichtig dabei: Die Zwiebeln und Knollen nie zu nah an die Stauden setzen, damit die Blätter (von Tulpen z. B.) nicht die Stauden ersticken.

OBEN Damit der Rasen im Frühling zur Blumenwiese wird, steche ich mit dem Spaten kleine Rasenziegel aus und setze Krokusse, Schneeglöckchen und Narzissen in die Erde.

HERBST – DIE BESTE PFLANZZEIT FÜR ALLE GEHÖLZE

Viele wollen es nicht mehr glauben, aber ich sage sogar: Rosen, die man im Herbst pflanzt, sind im kommenden Jahr bis zu drei Wochen vorne. Warum? Weil gerade jetzt in dem noch warmen Boden die Pflanzen sofort Wurzeln schlagen und im kommenden Jahr gleich kräftig loswachsen können.

Gehölze im Topf: Ob Rosen, Obstbäume, Ziersträucher oder auch große Bäume – fast alle werden heute im »Container«, angeboten. Wobei Container für große Töpfe steht. Diese Pflanzen kann man im Prinzip das ganze Gartenjahr über setzen. Löst man den Wurzelballen aber, damit eine schnellere Einwurzlung erfolgt, dann ist die Herbstpflanzung deutlich besser.

Wurzelnackte Pflanzen: So mancher kennt das gar nicht mehr, dabei ist es die beste und billigste Methode, Gehölze zu setzen. Rosen, Ziersträucher, Obstbäume – sie alle wachsen am besten, wenn man sie nach dem Laubfall im Spätherbst pflanzt. Bei Rosen ganz wichtig: Anhäufeln – als Frost- und Verdunstungsschutz. Erst nach dem Austreiben wird die Erde verteilt.

OBEN Rosen pflanzt man am günstigsten wurzelnackt. Zunächst die Wurzeln einkürzen (ganz oben), tief genug pflanzen, die Veredlungsstelle liegt unter der Erde, und gut angießen (unten).

TIPP

Immergrüne früher setzen

Alle Gehölze, die auch im Winter das Laub oder die Nadeln behalten, sollte man im Frühherbst setzen. Für sie ist es sehr wichtig, dass sie für die Wasserversorgung noch viele Wurzeln bilden. Problematisch ist nicht das »Abfrieren«, sondern meist das »Vertrocknen«. Im Winter an frostfreien Tagen gießen.

DER GOLDENE DUFTENDE HERBST

Die Zeiten, dass »Garten« nur im Frühjahr stattfindet, sind längst vorbei. Waren früher meine Vorträge meist im Frühjahr und Frühsommer, so finden sie nun auch häufig im Herbst statt. Viele Gartensendungen werden zu dieser Zeit aufgenommen und so manches Garten- und Erntedankfest, bei dem ich eingeladen bin, steht in meinem Terminkalender. »Goldener Herbst« – treffender kann man diese Tage wirklich nicht bezeichnen. Als ob der Wald brennen würde, leuchten die Buchenwälder in Gelb und Rot, erstrahlen in den Parks Ginkgo, Amberbaum & Co.

Neben einem solchen Prachtginkgo durfte ich beim »Goldenen Herbst« in einem kleinen, aber feinen Literaturgarten über herbstliche Gartenfreuden erzählen. So z. B. über den mir ans Herz gewachsenen Lebkuchenbaum (Seite 141), der auch bei mir daheim Jahr für Jahr in voller Pracht dasteht: im Herbst strahlend gelbes Laub und ein betörender Lebkuchenduft, wenn die Blätter zu Boden fallen. Es war ein beinahe beängstigender Ansturm und ich beantwortete endlos die Fragen, die jetzt die Gartler bewegten.

Doch am meisten berührt hat mich eine ältere Dame (sie nannte sich »uralt«), die attraktiv gekleidet mit Hut und Stock bei einem dieser Feste zu mir kam. Ich bin wie ihr Lebkuchenbaum! Etwas fragend blickte ich sie an … »Im Herbst meines Lebens freue ich mich jeden Tag darauf, mich attraktiv zu kleiden, den Duft hole ich mir auch noch aus der Parfümerie und damit alle meine Lieben etwas davon haben, dass es mir gut geht, mache ich Jahr für Jahr Berge von Lebkuchen!« Na, das sollen all die beherzigen, die im Herbst in die Depression fallen und ab dem sechsten Lebensjahrzehnt über alles jammern! Ein goldener Herbst bringt nicht nur Gartentipps, sondern auch Lebensweisheiten.

DER HERBST – DIESMAL IN SILBER

Der Herbst ist Gold! Mit leuchtenden, kräftigen Farben – in Gelb, Orange und Rot! Aber nicht überall: Meine Herbstkisterl strahlen seit einigen Jahren »ganz in Silber«. Es ist eine interessante Herausforderung, einen Akzent zu setzen mit grauen und panaschierten Blättern und weißen Blüten. Machen Sie es mir mit diesem Pflanzrezept doch mal nach.

Alpenveilchen (*Cyclamen*) haben im Herbst Hochsaison. Nicht bloß im Zimmer (da ist es ihnen auch oft zu warm), sondern auch geschützt vor Regen im Freien. Gerade die beiden Sorten »Mini« und »Midi«, mit den nicht ganz so großen Blüten sind dafür ideal. Beim »Silberkisterl« verwende ich eine rein weiß blühende Sorte mit silbrigen Blättern.
Efeu (*Hedera*) gehört in jedes Herbstkisterl – ob traditionell mit Eriken in dunkelgrüner Sorte, oder mit einem grün-weißen Blatt, z. B. die alte Sorte 'Mona Lisa'. Diese Efeusorten sind zwar nicht ganz

so robust, bis zu den ersten ganz starken Frösten jenseits –10 °C halten sie aber.

Silberregen (*Dichondra* 'Silver Falls') ist eine Strukturpflanze, die besonders charmant dieses Herbstkisterl ergänzt und den Übergang zum »harten« Tongefäß verspielt.

Silbrige Gräser dürfen nicht fehlen – in der Miniform: Eine Segge mit langen zarten Blättern und ein Lampenputzergras (*Pennisetum*) – besonders kompakt wächst die Sorte 'Hameln' – die typischen Blütenrispen begleiten die Pflanzen.

Astern: Auf diese Pflanzen mit ihren zarten, hier weißen Blüten will ich nicht verzichten. *Aster dumosus* 'Niobe' ist eine der besten Kissenastern, die nur 30–40 cm groß wird. Sie ist gesund und kann später in den Garten gepflanzt werden.

Weitere grau-silbrige Pflanzen: Stacheldrahtpflanze, Heiligenkraut, Thymian, Currypflanze, Purpurglöckchen und Lavendel.

Die Praxis für das Herbstkisterl

Erde: Selbst übrig gebliebene Packungserde vom Frühjahr kann man noch verwenden, da diese Pflanzen wenig zum Wachstum benötigen. Sand sollte man aber doch untermischen, damit die Erde immer gut durchlüftet ist und leicht gegossen werden kann. Reine Torferde (schon aus Naturschutzgründen) nicht verwenden, denn trocknet die aus, ist sie kaum noch feucht zu bekommen.

Pflege: Einzig und alleine das regelmäßige Gießen ist notwendig. Schützt man die etwas empfindlicheren Blütenpflanzen (z. B. Cyclamen) vor Frösten jenseits der 2 oder 3 °C mit einem Stück Vlies, blühen sie noch viele Wochen. Hat man sehr früh gesetzt, dann lohnt es sich, die blühenden Pflanzen mit ein wenig Bioflüssigdünger zu versorgen.

> **TIPP**
>
> **Das Chamäleon-Prinzip**
>
> Verblühte Pflanzen entferne ich meist zur Gänze (und pflanze diese, wenn sie winterfest sind, in den Garten) und ersetze sie im Winter durch in die Erde gesteckte Nadelzweige, z. B. Föhre, Kiefer, Tanne. Im zeitigen Frühjahr sehen Teile des Kisterls aber oft noch attraktiv aus. Dann werden diese Äste durch Frühjahrsblüher, wie Topfnarzissen, Krokusse und Primeln, ersetzt. So mutiert das Herbstkisterl Schritt für Schritt zum Frühlingskisterl. Erst im Mai wird dann mit Sommer- und Balkonblumen komplett neu gepflanzt.

DIE SCHÖNSTEN »HAARE« FÜR DEN GARTEN

Fast in jedem Garten gibt es sie: Die »Haare der Mutter Erde«, wie der Potsdamer Staudengärtner Karl Foerster die Gräser blumig genannt hat. Wenn nicht als Solitär, dann wenigstens als Rasen. Es gibt aber einige Gräser, die sollten in keinem Garten fehlen.

Gräser gibt es für jeden Gartenbereich: Ob trockenes Kiesbeet, tiefer Schatten oder pralle Sonne. Je nach Standort gewählt sind Gräser etwas »für intelligente Faule«. Beim Pflanzen immer den Boden gut vorbereiten, tiefgründig lockern und mit Kompost versorgen, denn diese Stauden stehen viele Jahre an einem Platz und bekommen nur jedes Jahr ein wenig frischen Kompost. Jährlich wird im Frühjahr nicht zu stark gedüngt, damit sie nicht zu üppig wachsen und standfest bleiben. Im Herbst werden die Gräser fest zusammengebunden (und sehen auch bei Raureif und Schnee attraktiv aus). Abgeschnitten werden sie dann im zeitigen Frühjahr. Mehr Pflege brauchen sie nicht.

OBEN Gräser sind immer attraktiv. Ob in einer Herbstschale (ganz oben) oder als Kulisse bei einem Teich. Selbst im Winter (unten) sind diese Pflanzen ein dekorativer Blickpunkt.

> **TIPP**
>
> ## Diese Gräser sollten nicht fehlen
>
> Ein Highlight ist das eindrucksvolle hohe **Pampasgras** mit riesigen Blüten (z. B. 'Sunningdale Silver'). Charakteristische, sehr zierende Streifen zeigt das **Zebra-Chinaschilf**, 'Giraffe' wird über 2 m hoch. Das **Japanische Blutgras** 'Red Baron' wird 40 cm hoch, die Rotfärbung wird von Woche zu Woche intensiver, nicht ganz winterhart.

DER HERBST BRINGT ÄPFEL UND HIMBEEREN

Äpfel im Herbst – das ist klar! Doch Himbeeren im Oktober? Bei mir im Garten gibt's seit vielen Jahren diese ungewöhnliche Kombination, denn ich bin ein Fan der sogenannten Herbsthimbeeren. Und weil nicht so viel Platz ist, wachsen die Äpfel gleich nebenan am schlanken Säulenbaum.

Der Genuss steht bei mir im Garten immer im Vordergrund. Gleichzeitig achte ich auf die Gestaltung. Als es darum ging, die seit einigen Jahren so beliebten Säulenäpfel zu pflanzen, errichtete ich ein stabiles Spalier als Gerüst und pflanzte dort meine Säulenobstbäume. Bunt gemischt – von Kirsche über Zwetschge bis hin zu Birne und Apfel. Letztere wachsen besonders gut und liefern im Herbst mehr Äpfel, als man erwartet. Und das ohne viel Aufwand. Während die anderen Säulenobstbäume immer geschnitten werden müssen, wachsen die Äpfel ohne Schnitt perfekt.

Genauso wenig Arbeit machen die Herbsthimbeeren. Die Sorte 'Autumn Bliss' (auch 'Autumn First', 'Autumn Best') blüht und fruchtet an den diesjährigen Trieben. Da die Blüte später erfolgt, gibt es keinen Himbeerblütenstecher und damit keine wur-

OBEN Säulenäpfel, hier die Sorte 'Goldcat' am selbst gebauten Spalier, sind besonders robust und gegen Schorf, Krebs und Mehltau weitgehend resistent.

migen Früchte. Ist die Ernte abgeschlossen (oft erst im November), werden die Ruten bodeneben abgeschnitten und das Beet mit Kompost versorgt.

SÜDLICHE TRÄUME – GARANTIERT WINTERHART!

Oliven, Feigen, Orangen, Palmen – herrlich! Davon träumen wir jetzt, wo der Sommer zu Ende geht. Südliche Stimmung lässt sich aber bei uns auch zaubern ohne die große Mühe, die im Spätherbst meist die Ernüchterung bringt: das Überwintern! Es gibt sie, die Pflanzen mit südländischem Flair, die nicht raus- und reingeräumt werden müssen.

OBEN Bei der Weidenblättrigen Birne (ganz oben) meinen Laien wegen des silbrigen Laubs oft, es sei eine Olive.

Olivenbaum des Nordens: Als Ersatz für die Olive könnte man einen Sanddorn (*Hippophae rhamnoides*) pflanzen, denn als Baum geschnitten wirkt dieses Gehölz für viele Besucher wie ein Olivenbaum. Einzige Vorliebe: Der Boden sollte möglichst schottrig sein. Ähnliches gilt für die Ölweiden (*Eleagnus*) mit silbrig glänzendem Laub. Oder wie wäre es mit einer südlich wirkenden Weidenblättrigen Birne (*Pyrus salicifolia*, Foto links).

Orangen – ganz winterhart: Etwas anspruchsvoller ist da schon der Traum, einen ausgepflanzten, winterharten Citrus sein Eigen zu nennen. Aber es gibt sie, die weitgehend winterharten Bitterorangen (*Poncirus trifoliata*). Sie wachsen bei uns (langsam), frieren manchmal ein wenig zurück, werden aber von Jahr zu Jahr größer, blühen mit großen duftenden Blüten und bilden auch die typischen Früchte.

Zypressen – ein Stück Toskana: Nur in ganz wenigen Regionen überleben die echten Zypressen. Besser ist es hier, auf Säulenwacholder (z. B. *Juniperus communis* 'Fastigiata Robusta') oder eine Säuleneibe (z. B. *Taxus baccata* 'Columnaris') auszuweichen. Schneidet man sie immer wieder schlank, haben sie die Wuchsform der italienischen Zypressen.

Kräuter: Bleiben noch die herrlich duftenden, mediterranen Kräuter, wie Lavendel, Thymian, Salbei, Oregano oder Currykraut. In einem Kiesbeet mit viel Sand, Splitt und wenig Humusanteil fühlen sich diese Pflanzen wohl.

OHNE AUGENMASS GIBT'S BLUMENPRACHT

Wer im Spätsommer in die Gärtnereien oder ins Gartencenter kommt, der sieht bereits den Frühling. Die Regale und Körbe füllen sich mit den Blumenzwiebeln, die im Herbst gepflanzt einen bunten Start ins neue Gartenjahr garantieren. Genauso verführerisch sind auch die bunten Kataloge, die in diesen Tagen ins Haus flattern. Narzissen, Tulpen, Krokusse – sie alle blühen auf den herrlichen Abbildungen in den tollsten Farben und verlocken zum Bestellen. Und noch »gefährlicher« sind die Internetseiten, die als Shop die schnellste und einfachste Bestellmöglichkeit bieten.

Im Geschäft sind es die Taschen und Einkaufswagen, die die Gier begrenzen. Beim Katalog sind es die Bestellscheine, die sich Zeile um Zeile füllen und irgendwann das schlechte Gewissen aktivieren. Aber wer bremst im Internet? »In den Warenkorb legen«, heißt es da verführerisch und schon landen 50 Stück von da und 100 Stück von dort im Korb. »Zur Kasse« heißt es dann am Ende. Da genügt die emotionslose Eingabe der Kreditkartennummer und schon ist man das Geld los …

Was dann nach einigen Wochen per Paketdienst kommt überrascht! Fünf Kartons voll mit Blumenzwiebeln? Das muss ein Irrtum sein! Doch die Kontrolle von Bestellung und Lieferung zeigt – das Augenmaß hat gefehlt.

Einen Vorteil hat der Kauf aber – die Blumenpracht im Frühjahr ist unbeschreiblich. Und erst durch die große Anzahl kommt eine grandiose Wirkung. Zierlauchwiese in Perfektion. Versuchen Sie es – ob beim Gärtner oder im Internet, das fehlende Augenmaß lohnt sich.

VOLLHERBST
September – Oktober

WARME FARBEN UND GRAUE TAGE

Der Himmel ist dunkelblau, die Sonne leuchtet orangerot und die ersten gelben Blätter strahlen, als ob es kein Morgen geben würde. Doch da und dort ziehen schon die Nebelfelder entlang von Bächen und Seen durchs Land. Zeigerpflanze für den **Vollherbst** sind die Rosskastanien. Sind sie reif, beginnt diese Jahreszeit, die vor allem durchs Ernten geprägt ist. Im Garten beginnt nun oft wieder eine Zeit des Wachstums. Wenn der Sommer heiß und trocken war, dann tanken die Pflanzen jetzt wieder Kraft, genießen die kühle Witterung und so werden die Rasenflächen wieder kräftig grün, die Rosen schmücken sich mit letzten Blüten und ausreichend gedüngte Balkonblumen bekommen noch einmal einen kräftigen Schub.

CHECKLISTE FÜR DEN VOLLHERBST

ALLGEMEIN

* Die milden, oft trockenen Tage sind ideal zum Vorbereiten des nächsten Gartenjahres, z. B. Beete neu anlegen, Kompost verteilen und vor allem zu Beginn noch Rasenflächen neu anlegen. Etwas ganz Wichtiges beginnt gegen Ende des Vollherbstes: Die **VOGELFÜTTERUNG** (Seite 130), damit im kommenden Jahr die großartigsten Schädlingsvertilger wieder aktiv sind.

ZIERGARTEN

* Einjährige **SOMMERBLUMEN** stehen lassen und Samen ernten. Erst nach dem ersten Frost abräumen und auf den Kompost bringen.

- **STAUDEN** und **GRÄSER** generell nicht zurückschneiden.
- **DAHLIEN** nach dem Frost abräumen, Knollen einwintern. Auch Gladiolen, Blumenrohr und Knollenbegonien kommen ins Haus. Sandkisten eignen sich für die Überwinterung, da keine Fäulnis entsteht. Beschriften nicht vergessen!
- Der **RASEN** wird nach wie vor gemäht. Liegt viel Laub am Rasen, gleich mit mähen und damit häckseln. Ideales Mulchmaterial auch für Stauden- und Gemüsebeete. Jetzt ist auch der beste Zeitpunkt, um neue Rasenflächen anzulegen.
- Unter Hecken, Bäumen und Sträuchern bietet liegen gebliebenes **LAUB** (Seite 140) guten Winterschutz, dient als Mulchschicht und ist auch Unterschlupf für viele nützliche Insekten.
- **IMMERGRÜNE HECKEN** lassen sich jetzt gut schneiden, weil man nun am besten zu den Pflanzen hinkommt, z. B. wenn sie hinter Blumenbeeten stehen.

TOPFGARTEN

- **KÜBELPFLANZEN** einräumen. Die härteren (Oleander, Hanfpalme, Olive, Kamelien) länger im Freien belassen, da so die Triebe besser abschließen und fester in den Winter gehen. An besonders kritischen Tagen mit Vlies schützen.
- **WINTERBEPFLANZUNG** auf dem Balkon vornehmen bzw. die Herbstpflanzung ergänzen. Es eignen sich Chrysanthemen, Erika, Gräser, kleine Gehölze und Koniferen.
- Viele **CHRYSANTHEMEN** werden durch eine einzige Frostnacht vernichtet, dabei wäre es anschließend wieder wochenlang mild gewesen. Die Pflanzen daher beim ersten Frost in der Nacht mit Vlies schützen.

NUTZGARTEN

- Wer schwere **BÖDEN** mit wenig Humus hat, sollte **UMSTECHEN** und die groben Erdschollen liegen lassen. Der Frost macht daraus eine feinkrümelige Erde.
- Im Herbst fallen viele Materialen an, die man für die Errichtung eines **HOCHBEETES** verwenden kann (Seite 128).
- Im Spätsommer und Frühherbst gesäte **GRÜNDÜNGUNGSPFLANZEN** auf den Beeten abfrieren lassen, da deren Wurzeln die Bodenstruktur verbessern und bei Leguminosen (Hülsenfrüchten) der Stickstoff im Boden den Pflanzen im Frühjahr zu einem guten Start verhilft.
- **WURZELGEMÜSE** sollte noch eine Zeit lang im Boden bleiben, gerade jetzt werden die Rüben und Knollen deutlich größer.
- Empfindliches, noch nicht erntereifes **GEMÜSE** mit Vlies schützen, auch Feldsalat und Spinat mit Vlies oder Reisig abdecken. Kohl, Karfiol, Lauch und Mangold trotzen dem Frost.
- Im Oktober beginnt die Erntezeit für **QUITTEN** (Seite 134). Man erntet die noch nicht vollreifen Früchte beim Farbumschlag auf Gelb.

HOCHBEET – JETZT VORBEREITEN

Der Herbst ist die beste Zeit, um den Bau eines neuen Hochbeetes vorzubereiten. So manches Geäst hat sich nämlich im Garten angesammelt, das für das Aufschichten nun perfekt verwendet werden kann. Ganz nach dem Motto: Im Biogarten gibt's keinen Abfall!

Begonnen hat die Idee mit dem Hochbeet beim Komposthaufen. Da wurden (und werden) die Starkzehrer, wie Kürbisse oder Zucchini, gepflanzt. Daraus wurde im Verlauf dann das Hügelbeet (mit Astwerk in der Mitte, Kompost als Abdeckung und einer Schicht Erde obenauf). Bis dann ein Österreicher vor gut 15 Jahren das Hochbeet erfunden hat. Ideal weil man sich nicht bücken muss und alles perfekt geordnet ist. Und gleichzeitig erwärmt sich die Erde viel schneller. Einerseits durch die Verrottungsenergie, andererseits durch die Wärme, die durch die Seitenwände eindringt.

Das machen wir im Herbst

Da, wo das Hochbeet platziert wird, zuerst den Rasen entfernen (die Soden auf die Seite legen) und den Boden darunter lockern. Beim Hochbeet aus Holz gibt es kein Problem, bei Konstruktionen aus Beton oder gemauerten Ziegeln ist das aber ganz wichtig, sonst gibt's den Blumenvasen-Effekt und das Wasser staut sich.

Egal ob man im Garten Probleme mit Wühlmäusen hat oder nicht – ein verzinktes Sechseckgeflecht gehört als unterste Schutzschicht eingebaut. Grober Gehölzschnitt ist für unser Hochbeet die »Wohlfühlmatratze« – dicke Äste, Wurzelstöcke, Heckenschnitt, aber auch verrottetes und vermodertes Holz kommen als Start ins Beet. Je nach Endhöhe werden 30–50 cm aufgeschichtet.

Abgedeckt wird der Gehölzschnitt mit den umgekehrt aufgelegten Rasensoden. Damit verhindert man das zu rasche Durchrieseln des Komposts. Hat man keine Rasensoden, kann man Karton oder eine dicke Schicht Stroh oder das aufgesammelte Herbstlaub einstreuen.

Die eigentliche Kraftquelle für das Hochbeet kommt als nächste Schicht: 30 cm noch nicht völlig verrotteter, sogenannter halbreifer Kompost wird nun eingefüllt. Beachten sollte man, dass keine Wurzelunkräuter mit dabei sind und Schneckeneier oder andere Schädlinge aussortiert werden. Über den Winter das Beet mit Rasenschnitt abdecken.

Das passiert im Frühjahr

Gut abgelagerter, fertiger Kompost kommt in einer Schicht von etwa 15 cm ins Hochbeet. Daraus bekommen die Pflanzen später viele Nährstoffe. Ganz obenauf füllt man 10 cm Gartenerde, Kompost alleine wäre viel zu »scharf«. Es kann auch Bioerde aus der Packung aufgetragen werden. So wie überall im Biogarten wird auch das Hochbeet gemulcht. Geeignet sind Rasenschnitt (2 bis 3cm), Rindenhumus oder Holzfasern.

>
>
> ### Tischbeet – der neue Trend
>
> Ein großer Vorteil des Hochbeetes ist neben dem großen Nährstoffangebot die Tatsache, dass sich die Erde rasch erwärmt. Dies wollen sich auch viele Balkon- und Terrassengärtner zunutze machen. Dort allerdings gibt es oft Einschränkungen, was die Deckenbelastung betrifft. So wurde beim sogenannten Tischbeet einfach der unterste Teil weggelassen. In den etwa 20–30 cm tiefen Beeten, die wie ein Tisch aussehen, wird nahrhafte Bioerde gefüllt und praktisch alle Gemüsearten können darin gedeihen. Wer jährlich nachdüngt und Erde auffüllt kann das Beet mehrere Jahre bepflanzen.

DIE EIFRIGSTEN HELFER

Wenn das Frühjahr ins Land zieht, dann sind sie die lautstarken Boten des neuen Gartenjahres: unsere Singvögel. Im Sommer helfen sie uns als große Schädlingsvernichter – ein Meisenpärchen mit Nachkommen vertilgt etwa 25 (!) kg Insekten. Stolze Leistung würde ich sagen. Daher unterstützt der intelligente Gärtner gerne die Gartenvögel.

OBEN »Kuchen« für die Vögel: Dazu wird spezielles Kokosfett mit Körnern vermischt und in kleine Kuchenformen gefüllt.

Futterhäuschen, die man im Vollherbst aufstellt, werden am besten angenommen und schaffen »Freunde« für ein ganzes Gartenjahr. Motto: Jetzt gibt's von uns Futter, ab dem Frühling beseitigen die Vögel für uns die Schädlinge. Gefüttert wird am besten ausschließlich mit Körnerfutter. Also niemals Küchenabfälle, wie Nudeln, Kartoffeln, Brot oder Reis, die noch dazu gesalzen sind und den sicheren Tod der Vögel bedeuten würden. Mein Tipp: Ich verwende mittlerweile fast ausschließlich geschälte Sonnenblumenkerne, die man relativ preisgünstig kaufen kann. So hat man weder viel Schmutz durch Schalen noch durch Hanf oder anderes Saatgut, das dann im Garten aufgeht.

TIPP

Garten als Vogelparadies

Das kann man noch tun: **Wildgehölze** pflanzen, die den Tieren Unterschlupf, Nistmöglichkeiten und vor allem auch Nahrung bieten. Besonders gut geeignet sind Sanddorn, Schlehe, Holunder, Traubenkirsche. Viele **Nistkästen** montieren. Jeweils mit unterschiedlichen Einflugöffnungen (z. B. für Meisen etwa 28 mm, für Rotschwanz oder Bachstelze 50 mm). Immer so montieren, dass Katzen sie nicht erreichen. **Vogeltränken** so aufstellen, dass rundherum möglichst viel Freiraum herrscht, damit auch hier Katzen nicht aus dem Versteck heraus die badenden Vögel fangen können.

INVASION!

Es gibt Menschen, die beobachten genau – wann welche Pflanze blüht, wie sich das Wetter entwickelt oder welche Tiere noch da oder nicht mehr da sind. Dann gibt es Menschen, die kennen die Natur nur noch vom Biologiebuch. Genau die sind dann völlig aus dem Häuschen, wenn etwas Außergewöhnliches passiert.

Die Invasion der Asiatischen Marienkäfer im Herbst gehört zu diesen Ereignissen. Klarerweise ist das alles nicht sehr angenehm, wenn man bei einem Wanderausflug plötzlich Hunderte von diesen Viecherln auf dem Walkjanker hat. Oder wenn sie zu Tausenden eine Hauswand erobern und in Fensterritzen und Mauerspalten Schutz suchen. »Was soll ich nur tun?« kommt dann der Hilferuf. Mein Ratschlag überrascht da meist – im Freien gar nichts und im Zimmer entweder wegkehren oder mit dem Staubsauger beseitigen. Gift muss man auf keinen Fall einsetzen. Das würde gerade das Gegenteil bewirken und viele Nützlinge killen und die Schädlinge würden sich wieder vermehren.

Mir kommt die Geschichte ein wenig wie vom Zauberlehrling vor. Die Geister, die ich rief… Als Nützlinge nach Europa geholt, besinnen sie sich hier zwar ihrer Vorliebe für Blattläuse, vermehren sich aber auch wie dieselben und fressen, was das Zeug hält. Seit sie sich bei mir im Garten eingenistet haben, gibt es de facto kein Blattlausproblem mehr. Und die Angst, dass auch ihre europäischen weitschichtigen Verwandten – die Siebenpunkt-Marienkäfer – den gefräßigen Tierchen zum Opfer fallen, war unbegründet. Sie lieben nur die Läuse …

Dennoch muss man aufmerksam bleiben. Die Theorie war eindeutig – Käfer frisst Laus. Dass hat sich zwar grundsätzlich bewährt, aber aus einigen wenigen Nützlingen im Glashaus wurde eine Invasion. Diesmal sind es die Marienkäfer, das nächste Mal der genmanipulierte Mais, dann die mit was-weiß-ich geimpften Nutztiere. Da halt ich mich an die jahrhundertealte Erfahrung der Naturgärtner. Ohne Überraschung, aber mit viel Erlebnis.

VITAMINE FÜR DEN WINTER

Die Tage werden nun immer schneller kürzer, die Sehnsucht nach Sommer und Sonne erwacht bei vielen – vor allem deshalb weil der Garten in diesen Tagen besonders viele frische Vitamine geliefert hat. Es muss aber damit noch nicht ganz vorbei sein.

Asiasalate sind die robustesten grünen Vitaminlieferanten. 'Mizuna', 'Green in Snow' oder 'Red Giant' sind nur einige der würzigen und besonders frosttoleranten Salate. Bis in den Dezember hinein lassen sie sich im Freien mit ein wenig Vliesschutz kultivieren. Im geschützten Frühbeet sogar noch länger. Auch im Topf sind diese aus China stammenden Salate gut zu ziehen. Sie werden gerne, ganz zart geerntet, als Würze in den Salat gemischt. Sind die Blätter einmal zu groß, kann man sie klein schneiden und im Wok verarbeiten. Pflege ist gleich null. Nicht düngen und gleichmäßig gießen.

UNKRAUTKULTUR IM TOPF

So manche Gartenreise bringt überraschend neue Erkenntnisse, so wie diese hier.

Was soll das Unkraut im Topf in deinem Garten. Willst eine botanische Sammlung mit Giersch und Brennnesseln anlegen?

Plo: Das ist eine Idee, die ich von meiner letzten Schweden-Gartenreise mitgebracht habe!

Ich dachte, da gibt's nur Möbel und Knäckebrot ;o)

Plo: Genau – und fürs Knäckebrot gibt's das ganze Jahr über frischen Giersch und zarte Brennnesseln.

… die wachsen bei mir beim Komposthaufen!

Plo: Und bei mir jetzt rund ums Jahr. Denn die Schweden stellen die »Unkraut-Töpfe« ins ungeheizte Glashaus, wo sie auch im Winter etwas wachsen!

Aha, was wir am Fenster mit Schnittlauch machen, passiert dort mit Brennnessel & Co.: Cool!

TIPP

Karotten aus der Sandkiste

Damit die köstlichen Karotten (aber auch Sellerie, Petersilienwurzeln oder Pastinaken) viele Wochen lang knackig frisch bleiben, vergräbt man sie in einem Eimer oder einer Kiste in leicht feuchtem Sand. Die oberste Spitze (die Blätter sind entfernt) sieht gerade noch heraus. An einem kühlen Ort (ungeheizter Keller, Garage, Werkzeugschuppen etc.) halten die Rüben dann viele Wochen. Nur einem Frost dürfen sie nicht ausgesetzt werden. Was übrig bleibt im Frühjahr wieder setzen – die dann erscheinenden Blütendolden sind eindrucksvoll.

QUITTE – DIE WOLLIGE ZITRONE DES NORDENS

Die Römer schätzten die Quitte und nannten sie die »wollige Zitrone des Nordens«. Lange Zeit fristete die Frucht ein Schattendasein. Heute schätzen Gartenfreunde sie wegen des unkomplizierten und dekorativen Wuchses, Haubenköche wegen des Geschmacks. Ab Oktober beginnt die Ernte.

Der Baum hat viele Vorteile. Der wichtigste ist für viele: Man muss ihn praktisch nicht schneiden und dennoch gibt es alljährlich Blüten und Früchte. Die weißen bis hellrosafarbenen Blüten, die erst knapp vor der Rosenblüte erscheinen, sind deutlich größer als die der Äpfel und Birnen, aber sehr dekorativ. Blätter und Früchte sind von einem dünnen filzartigen Belag (»wollige Zitrone«) überzogen. Das graufilzige Laub und die großen gelben Früchte vermitteln ein wenig südliche Stimmung. Es gibt zwei große Gruppen: Die Apfel- und die Birnenquitten, deren Namen sich von der Form der Früchte ableiten. Die Apfelquitte ist etwas aromatischer, besitzt aber ein recht hartes, eher trockenes Fruchtfleisch. Birnenquitten sind weicher und leichter zu verarbeiten, geschmacklich allerdings etwas langweiliger. Die Früchte enthalten viel Vitamin C und sehr viel Pektin, das als »Putzkolonne« für den Darm gilt. Sie können sie einkochen, entsaften oder zu Marmeladen verarbeiten. Quitten mögen gerne sonnige Standorte mit sandigen bis mittelschweren, durchlässigen Böden. Stauende Nässe vertragen Quitten nicht, vorübergehende Trockenheit hingegen macht ihnen nicht viel aus.

SCHNITTIGE DISKUSSIONEN

Die Blüte der Strauchpfingstrose hat bei uns im Garten eine ganz besondere Bedeutung. Als ich sie vor mehr als 15 Jahren gepflanzt habe, war die Pflanze ein Mitbringsel einer Gartenreise nach Deutschland. Teuer erstanden, konnte ich die seidige, weiße Blüte gar nicht erwarten. Doch die gute Pflanze braucht Zeit. Sie bildet erst nach einigen Jahren auf dem alten, brüchig wirkenden Holz ihre Knospen. So auch in unserem Garten.

Nach drei (langen) Jahren schien der Strauch die richtige Größe zu haben. Im Herbst habe ich noch den Boden dick mit Laub bedeckt und war schon in ganz freudiger Erwartung … Bis meine Frau genau in diesem Herbst meinte, man solle doch alles gleich zurückschneiden, um im Frühjahr weniger Stress zu haben. Dieser Sinneswandel erfolgte an einem herrlichen Herbsttag, an dem ich wieder einmal unterwegs war, und wurde sofort radikal von ihr umgesetzt. So fiel auch die Strauchpfingstrose der scharfen Klinge, der Schweizer Präzisionsschere, zum Opfer …

Gemessene 10 cm hoch war sie nach dieser Aufräumaktion. Angeblich soll ich damals eher einem Rumpelstilzchen gleich im Garten gestanden sein (was ich dementiere) – jedenfalls gab es »schnittige Diskussionen« – von einer vernichteten Pflanze, einer notwendigen Neupflanzung usw.

Doch was war im Frühjahr!!! Die Päonie war über den Rückschnitt offenbar entzückt, begann, mit vielen Trieben direkt aus der Erde sich zu verzweigen und blühte im Jahr darauf nicht bloß auf einem wackeligen Trieb, sondern einem Blumenarrangement gleich. Seither halte ich mich bei Schnittdiskussionen ein wenig zurück, auch wenn ich trotzdem mit den Pflanzen mitleide.

SPÄTHERBST
November

ÜBERALL GIBT'S BUNTE BLÄTTER

Immer seltener gibt's nun strahlenden Sonnenschein, immer öfter bleiben die Vormittage nebelverhangen. Nur in den Bergen ist die Luft klar und die Fernsicht gewaltig. Doch die Kälte der Nacht hat nun endgültig das größte Recycling in Gang gebracht, das alljährlich stattfindet – den Laubfall. Die Stieleichen sind eigentlich die Zeigerpflanzen für den **Spätherbst**. Aber nicht nur sie färben sich, sondern auch alle anderen Laubgehölze werfen nun die Blätter ab. Im Biogarten verwenden wir keine Laubbläser und -sauger. Ein Federbesen reicht, denn ein Großteil des Laubs bleibt als wertvoller Rohstoff unter Hecken und Sträuchern, wo kein Rasen ist, liegen. So ist der Herbst eigentlich eine ganz bequeme Jahreszeit.

CHECKLISTE FÜR DEN SPÄTHERBST

ALLGEMEIN

* **LAUB** (Seite 140) ist das große Thema in diesen Tagen. Und es muss auch beseitigt werden – nicht überall, nur auf dem Rasen und auf den Gartenwegen (Rutschgefahr) muss es weg.
* **HERBSTPUTZ:** Säubern Sie Ihre Gartengeräte und prüfen Sie, ob etwas repariert werden muss, bevor Sie alles in den Gartenschuppen einräumen – dann sind Sie im Frühjahr gleich startklar. Auch leere Töpfe werden gesäubert und eingelagert, aus kaputten Tontöpfen können Sie Drainagematerial machen (Seite 142).
* **WASSERLEITUNGEN** sowie Wasserbecken oder -sammelbehälter sollte man entleeren, damit es keine Schäden gibt, wenn der Frost kommt.

ZIERGARTEN

* Solange der Boden offen bleibt, kann noch **GEPFLANZT** werden. Auch der Spätherbst ist – vor allem für alle wurzelnackten Gehölze – eine hervorragende Pflanzzeit.
* Wer noch nicht dazu gekommen ist – auch jetzt können noch die im Frühjahr blühenden **ZWIEBELBLUMEN** gesetzt werden. Oft gibt es Narzissen, Tulpen, Krokusse und Schneeglöckchen nun bereits im Abverkauf deutlich billiger.
* **BEETROSEN** anhäufeln und so vor Frösten schützen. Hochstammrosen werden herabgebogen und mit Erde bedeckt.
* **IMMERGRÜNE GEHÖLZE,** wie Lorbeer und Rhododendren, besonders gut wässern. Sie leiden meist unter Trockenschäden im Winter, weniger unter Frost.
* Hohe **GRÄSER** zusammenbinden – erst im Frühjahr abschneiden.
* **SCHNEIDEN** der **ZIERGEHÖLZE** ist möglich, ausgenommen frühjahrsblühender Sträucher, wie Forsythie oder Flieder.
* Säulenförmig wachsende **KONIFEREN** werden zusammengebunden, um Schäden durch eine Schneelast zu verhindern.

TOPFGARTEN

* **ERIKEN** bringen jetzt in die Fensterkästen noch Farbe. Herbstpflanzungen mit Eriken, Chrysanthemen und Stiefmütterchen eventuell auch auf Gräbern vornehmen.
* Alle **KÜBELPFLANZEN** werden nun eingeräumt. Die wichtigste Grundregel: Je dunkler es im Überwinterungsquartier ist, desto kühler sollte es sein. Und je kühler es ist, desto weniger sollte gegossen werden.
* Im **WINTERQUARTIER** Balkonblumen und Kübelpflanzen in den ersten Wochen genau auf Schädlinge kontrollieren und mit Biospritzmitteln sofort behandeln.
* Pflanzen, die einen **WINTERSCHUTZ** (Seite 144) benötigen, werden jetzt eingepackt mit passenden Materialien, wie Jute oder Schafwollvlies.

NUTZGARTEN

* Wenn der Garten noch **UMGEGRABEN** wird – im Biogarten lockern wir bei ausreichendem Humusgehalt mit dem Sauzahn –, dann sollte man das jetzt machen. Am besten bei leichtem Frost, dann erfrieren die freigelegten Schnecken.
* **KRÄUTER**, die frostempfindlich sind, entweder ins Haus räumen oder abdecken.
* **BAUMANSTRICHE** gegen Frostrisse vornehmen. Ein südseitig angelehntes Brett schützt auch vor Sonneneinstrahlung, die tagsüber den Stamm erwärmt und in der Folge in frostigen Nächten den Saft gefrieren lässt.
* Wichtiger Tipp: Wenn Sie **ÄPFEL** im Keller **EINLAGERN**, dann nicht neben Kartoffeln, sonst halten beide nicht sehr lange.

DAS GOLD DES GÄRTNERS – LAUB!

Manche Gärtner werden angesichts der Laubmassen nervös und starten eine Putzaktion nach der anderen. Halt, halt! Nichts übertreiben. Das »Gold des Biogärtners« ist in einem Garten ein Segen: Laub sollte daher im Garten nicht überall penibel weggerecht werden. Auf dem Rasen soll es weg wegen der Fäulnisgefahr und die Gartenwerge räumen wir ebenfalls frei. Der Rest wird verwertet.

Unter Bäumen und Sträucher soll das Laub liegen bleiben. Besonders problematisch ist hier der Laubsauger, weil alle Nutzinsekten »abgesaugt« und regelrecht gehäckselt werden. Laub, das man unter Bäumen liegen lassen will, wird oft vom Wind verweht. Die einfachste Methode ist, das Laub mit einer dünnen Schicht Kompost oder Rindenmulch zu beschweren oder zuvor mit dem Rasenmäher zu häckseln. Dann wird in dieser Mulchschicht nicht nur hervorragender Humus entstehen, sondern es werden darunter viele Nützlinge überwintern: Laufkäfer z. B., die große Schneckenvertilger sind. Oder – wenn ein wenig mehr Laub beisammen liegt – der Igel. Er mag es, wenn man das Laub aufschichtet und zwar kombiniert mit ein paar Ästen. Als Dank vertilgt dieser im Sommer durch den Garten schnaubende Gartenbewohner dann viele Schnecken. Nicht die ganz großen, sondern die kleinen und deren Eigelege.

So bleibt Laub dem Kreislauf erhalten

Von Rasenflächen gehört das Laub natürlich entfernt. Das Gras würde darunter ersticken und zu faulen beginnen. Laub gehört aber nicht in die Mülltonne, sondern unbedingt auf den Kompost. Dort wird daraus innerhalb weniger Monate wieder Humus. Damit Laub rasch kompostiert, vermischen Sie es mit anderen Abfällen oder fügen Sie

Hornspäne als Stickstofflieferanten zu. Laubkompost extra kompostiert liefert den sogenannten Laubhumus, der in etwa mit Torfmull zu vergleichen ist und hervorragend fürs Untermischen zu Erden verwendet werden kann.

Auch das Laub von Nussbäumen und Eichen ist kein Abfall. Kompostiert man es extra, dann entsteht daraus innerhalb von zwei bis drei Jahren besonders saurer (also kalkfreier) Laubkompost. Der ist ideal als jährliche Mulchschicht bei Rhododendren, Azaleen, Kamelien oder Heidelbeeren. Irgendwo am Rand des Gartens ist für so einen Laubkomposthaufen immer Platz. Damit holt man sich quasi die kleine Erdfabrik direkt in den Garten und erspart sich das mühsame Abtransportieren.

MEIN FAVORIT:
Lebkuchenzeit im Garten

Cercidiphyllum japonicum – der Judasblattbaum oder auch Lebkuchenbaum gehört zu meinen absoluten Lieblingen. Er könnte als lebendes Fossil bezeichnet werden, wie auch der Ginkgo. Das alles macht den Baum zwar noch interessanter, doch schon Wuchsform und Blätter sind es wert, dieses Gehölz zu pflanzen. Im Sommer ist der Lebkuchenbaum sehr attraktiv durch sein silbrig-grünes Laub. Kommt dann der Herbst, beginnt es, sich intensiv gelb zu färben, und fällt es zu Boden, beginnt die »Lebkuchenzeit«. Ein intensiver und auch weit streichender Duft nach Lebkuchen macht sich breit.

WELCHER TOPF IST DER BESTE?

Plastik oder Ton? Eine Frage, die oft im Zusammenhang mit den Töpfen gestellt wird. Gleich vorweg: Bei mir gibt es nur Tontöpfe. Das hat vor allem einen optischen Grund, denn mir gefallen die Plastiktöpfe ganz und gar nicht. Das natürliche Material Ton hat aber auch einige Vorteile.

OBEN In meinem Umtopfkammerl stehen Hunderte Tontöpfe, die nur mit einer Bürste gereinigt und wiederverwendet werden.

Ton ist schwerer: Auch wenn schon der eine oder andere Topf zerbrochen ist (der wohl größte Nachteil), wenn der Wind ihn umgeworfen hat, insgesamt sind Tontöpfe viel standfester als Plastiktöpfe.

Wiederverwendung: Das ist für mich der größte Vorteil: Tontöpfe kann man Dutzende Male verwenden und – gehen sie kaputt – dann werden die Scherben als Drainage in anderen Töpfen genutzt. Ganz klein zerschlagen verwende ich die Tonreste als Granulat in der Erde.

> **TIPP**
>
> **Tontöpfe reinigen**
>
> Erde, die sich in den Töpfen ansammelt, wird nach dem Abtrocknen mit einer Bürste (ähnlich einer Toilettenbürste) entfernt. Damit Kalkausblühungen verschwinden, kann man zwei Maßnahmen setzen: Entweder legt man die Töpfe für einige Tage in den Gartenteich, wo die »saure« Atmosphäre den Kalk beseitigt, oder man nimmt Essigwasser (auf 10 l Wasser etwa eine Tasse) und legt die Töpfe für einen Tag hinein. Danach gut ausspülen und fertig ist ein Tontopf, der wie neu aussieht.

Ton speichert Wasser und er atmet: Gießt man eine Pflanze, dann wird nicht nur die Erde angefeuchtet, sondern auch der Ton saugt sich mit Wasser voll. Ein Übergießen ist praktisch nicht möglich, weil durch das poröse Material auch Wasser verdunstet. Diese Verdunstung kühlt zudem den Topf, damit gibt es im Sommer für Pflanzen in diesen Töpfen keine Schäden durch zu große Hitze. Durch das poröse Material kommt auch genug Luft zu den Wurzeln.

WILDESSEN MIT HINTER-GEDANKEN

Wild hat im Herbst Saison. Da gibt es bei uns – dank einer über 80-jährigen Tante und langjährigen Köchin des Kirchenwirtes in Seewalchen – köstliches Wild. So viel, dass Teile davon im Gefrierschrank landen. Seit einigen Jahren hat das Wildessen aber eine ganz besondere Bedeutung. Die vielen Kübelpflanzen, die bei mir im Garten stehen, sind in den letzten Jahren immer größer und größer geworden, nicht zuletzt durch das Gewächshaus, in dem sie nun überwintern.

Und so hatte ich vor einigen Jahren die Idee, meine Schwäger (und die Schwestern dazu) zum »Wildessen« einzuladen, wobei gleich dazu gesagt wurde – »aber nicht zu schön anziehen«. Sie kamen – mit Arbeitshose und Handschuhen und so war das Schleppen der großen Töpfe schon nach einer Stunde erledigt. Und weil das »Wildessen« bei uns allmählich zum Synonym für die Kübelpflanzenaktion geworden ist, gibt es seither auch das »Frühlings«-Wildessen. Da werden die Kübelpflanzen dann wieder herausgeholt.

Ein Dank den Helferinnen und Helfern und vielleicht eine Idee für alle Blumenliebhaber, die sich oft alleine abschleppen. Aus der Mühe wird ein nettes kleines Fest, das nun zweimal pro Jahr stattfindet. Im Frühjahr und im Herbst.

Und zwischendurch gibt es natürlich im Sommer auch das ein oder andere Treffen, denn die herrlichen Hanfpalmen oder die duftenden Blüten des Japanischen Liguster oder des Klebsamen sind letztlich der wahre Lohn für die Mühe. Nicht nur für die Wild essenden Verwandten, sondern vor allem für den stolzen Besitzer. Die Kübelpflanzen gedeihen einfach herrlich. Im Gewächshaus geht's den Gästen aus dem Süden halt besonders gut. Nur: Viel dürfen sie nicht mehr wachsen, dann brauchen wir noch mehr helfende Hände und noch mehr Wild ...

WINTERSCHUTZ FÜR PFLANZEN

Wenn es nun Tag für Tag kälter wird, ist es Zeit für Winterschutz zu sorgen. Allerdings gibt es ein paar absolute »No-gos« und ein paar empfehlenswerte Maßnahmen. »Dicke« Materialien eignen sich als Schutz, helfen aber nur dann, wenn die Pflanze tatsächlich frostfest ist, denn ohne »innere Wärme« nützt auch der beste Schutz nichts und die Pflanze erfriert.

OBEN Gräser wie das Chinaschilf brauchen keinen speziellen Winterschutz. Es ist aber sinnvoll, sie zusammenzubinden.

Jute, Vlies, Schafwolle, alte Decken, aber auch Reisig oder aufgeschichtetes Laub. Alle diese Materialien schützen die Pflanzen vor Sonnenlicht und Wärme und verhindern bei starkem Frost und gleichzeitigem Wind das Vertrocknen. Wichtig ist, dass alles gut befestigt und festgezurrt wird mit Schnüren, Drähten oder Pfählen, denn so mancher Wintersturm hat schon den Schutz davongeweht. Was wir niemals zum Einpacken von Pflanzen verwenden sollten sind Plastikfolien, Polsterfolien und andere Materialen, die Licht durchlassen, aber nicht luftdurchlässig sind. Unter den Folien würde sich bei Sonnenschein die Luft extrem stark erwärmen und die Pflanzen tagsüber zum frühzeitigen Austreiben verleiten. In der Nacht frieren die Pflanzen aber dann ab.

TIPP

Bester Schutz: Vergraben

Ist tatsächlich so: Rosen, aber auch andere Gehölze, die als Schmuck auf der Terrasse im Topf gezogen werden, überleben am besten, wenn man sie »vergräbt«. Am besten im Garten ein flaches Loch graben, den Topf hineinlegen und mit Erde abdecken. Die flach auf der Erde liegenden Zweige ebenfalls mit Erde und Reisig abdecken, dann kann nichts passieren. Ist man nur Terrassenbesitzer ohne Garten werden alle Pflanzen dick mit Jute einwickeln.

RETTET DIE ZWIEBELN

Jemand, der viel in der Öffentlichkeit steht, bekommt natürlich allerlei Wünsche und Anliegen vorgebracht. Da kam vor einiger Zeit ein nicht alltäglicher Wunsch: »Sorgen Sie dafür, dass der Maulwurf nicht mehr unter Naturschutz steht, der zerstört meinen Rasen«. Ein Wunsch, der als Naturliebhaber nicht erfüllt werden konnte. Dafür gab es einige »duftende Tipps«, beispielsweise die Holunderblattjauche, die den unermüdlichen Erdgräber vertreibt und nicht vernichtet, denn der Maulwurf ist extrem nützlich und frisst mit Vorliebe Engerlinge, Käfer und anderes Getier.

Kurios der Wunsch vor einigen Jahren: »Bitte kommen Sie zu mir und erklären meinem Mann, dass er das Laub unter den Bäumen liegen lassen soll.« Wir haben telefoniert und ich konnte den »Laubsauger« überreden, wenigstens einen Herbst probeweise Frieden mit dem Laub zu schließen.

Ganz einfach – und auch ein persönliches Anliegen – ist der Hilferuf eines Pflanzenfreundes, der mich auch einmal erreichte. »Bitte mach Werbung, damit die Leute die Blumenzwiebeln kaufen, die gegen Ende der Saison noch in den Geschäften liegen.« Jahr für Jahr werden Millionen von Schachbrettblumen, Anemonen, Schneeglöckchen & Co. im Spätherbst weggeworfen. Der Appell an (uns) alle ist erfolgt: Jetzt heißt es kaufen und pflanzen. Der Lohn für diese Rettung ist im Frühjahr sichtbar.

Solche Wünsche sind leicht zu erfüllen – außer sie haben den Zusatz, wie bei einem Mail einer Gartenliebhaberin: »Könnten Sie den Zierlauch bei mir genauso setzen wie in der Blumenwiese in Ihrem Garten – die ist wirklich herrlich«. Leider: Absage! Muss trachten, dass ich selbst meinen Garten winterfit mache. Sorry!

WINTER
Dezember – Februar

DIE STILLE UND PAUSE GENIESSEN

Jetzt ist Ruhe eingekehrt – im Garten und draußen in der Natur. Der Apfelbaum hat das Laub verloren und damit hat diese letzte der phänologischen Jahreszeiten, der **Winter** begonnen. Doch das Wetter schlägt da manchmal dieser Zeigerpflanze ein Schnippchen. Kommt der erste Frost zu früh, bleibt das Laub oft bis zum Frühjahr am Baum. Auch bei den Rosen kann man das beobachten. Das ist aber im Prinzip egal: Beginnt das neue Wachstum, dann verliert die Pflanze im Frühjahr das Laub. Der Winter ist die Zeit zum Entspannen, zum Planen und zum Bilanzziehen. Da lohnt es sich, wenn man ein Gartentagebuch führt oder immer wieder Fotos schießt und die Veränderungen im Garten beobachten kann.

CHECKLISTE FÜR DEN WINTER

ALLGEMEIN

* Im Garten ist ganz wenig zu tun. Deshalb gilt gerade in dieser Jahreszeit: **NICHTS ÜBEREILEN**.
* Jetzt ist Zeit, das eigene **GARTENTAGEBUCH** (Seite 152) auszuwerten, sich Inspirationen zu holen und Pläne für den Garten zu schmieden.
* Wenn noch nicht geschehen, sollte man nun alle **WASSERLEITUNGEN**, Becken und sonstige Wasservorratsbehälter **ENTLEEREN**.

ZIERGARTEN

* Die **VOGELFÜTTERUNG** nun konsequent fortsetzen. Futterstellen regelmäßig kontrollieren und ggf. säubern. Vögel sind standorttreu und

suchen das Futter. Der Dank kommt im kommenden Jahr – die fressen viele Schädlinge.

* Bei starkem Schneefall die **GEHÖLZE** wenn nötig **ABSCHÜTTELN**. Schneebruch kann gewaltige Schäden verursachen.
* Ist der Boden offen, können nach wie vor laublose **GEHÖLZE GEPFLANZT** werden.
* Bei **KAHLFROST**, also Minustemperaturen ohne Schnee, schützen Sie Stiefmütterchen, Goldlack oder Vergissmeinnicht mit Tannenzweigen.
* Am **BARBARATAG** (4. Dezember) Kirschzweige schneiden, sie sollten am Heiligen Abend blühen und Glück fürs kommende Jahr verheißen. Auch Forsythien und Dirndlstrauch (Kornelkirsche) lassen sich vortreiben.
* Gegen Ende des Winters verkahlte **HECKEN** stark **ZURÜCKSCHNEIDEN** und so den Austrieb im Frühjahr anregen.

TOPFGARTEN

* Im **WINTERQUARTIER** ganz zurückhaltend gießen. Vor allem dann wenn es dort sehr kühl ist. Immer wieder auf Schädlinge kontrollieren und notfalls mit Biospritzmitteln behandeln.

NUTZGARTEN

* **ERNTEN** aller verbliebenen Gemüse. Wurzelgemüse unbedingt an frostfreien Tagen abernten.
* **LAGEROBST** und -gemüse soll man regelmäßig kontrollieren.
* Den **GEMÜSEGARTEN** für das kommende Jahr **PLANEN**. Dabei die Grundsätze der Fruchtfolgen (Seite 65) bedenken.
* Gegen Ende des Winters beginnt der **OBSTBAUMSCHNITT**. Grundsätzlich gilt: Stark wachsende Bäume wenig schneiden, schwach wachsende stärker schneiden.
* Der **WEIN** wird an frostfreien Tagen im Februar geschnitten. Äste des Vorjahres auf drei Augen (Knospen) schneiden.
* Wenn noch nicht geschehen, Abbürsten der Rinde und **SCHUTZANSTRICH** gegen Frostrisse durchführen.

OBSTBAUMSCHNITT – KEINE HEXEREI

Warum soll ich meine Obstbäume schneiden? Früher hat auch niemand die Bäume geschnitten und es gab dennoch Äpfel! Ein Argument, das ich immer wieder höre, wenn »Jung«-Gärtner über den Obstbaumschnitt diskutieren. Wir schneiden die Bäume, damit der Ertrag größer wird, die Bäume kompakter bleiben und gleichzeitig auch gesund und vital wachsen.

Würde man nicht schneiden, würden die Bäume extrem groß werden und deutlich weniger Ernte bringen, denn Obstbäume, die nicht geschnitten werden, wachsen bloß kräftig nach oben. Also, trauen Sie sich ran an den Obstbaumschnitt und beachten dabei folgende Regeln:

* Je stärker ein Baum wächst, desto weniger stark wird er geschnitten, denn starker Schnitt löst kräftiges Wachstum aus.
* Triebe, die senkrecht nach oben wachsen, bringen oft nur Laub, waagrechte Triebe dagegen setzen Früchte an. Daher immer so schneiden, dass waagrechte Triebe übrig bleiben. Durch waagrechtes Binden und Beschweren der Äste kann man den Prozess beschleunigen.
* Wenn sich ein Ast (z. B. unter der Last von Früchten) bogenförmig nach unten biegt, entsteht auf dem höchsten Punkt des Astes (Scheitelpunkt) ein neuer, wüchsiger Trieb. Der untere Teil des Astes wächst dann schwach oder gar nicht. Dies nutzt man beim Verjüngungsschnitt, indem man die Teile unter dem Scheitelpunktaustrieb abschneidet.

Wann und wie stark werden Obstbäume geschnitten? Der zu Ende gehende Winter ist die ideale Zeit, um die Obstbäume in Form zu bringen. Besonders stark wachsende Bäume werden aber auch im August geschnitten. Die Grundregeln für die Stärke des Schnitts: Jede Baumkrone benötigt viel Luft und Licht, dadurch wird Krankheiten vorgebeugt. Es heißt: »Man muss den Hut durch die Baumkrone werfen können«.

Wo wird geschnitten? Grundprinzip Nummer eins ist, dass jeder Ast immer auf ein Außenauge geschnitten wird. Als Haupttrieb darf nur ein Leitast stehen bleiben, der Konkurrenztrieb wird entfernt. Die Seitenäste bleiben alle 20–50 cm (je nach Baumform) in Etagen stehen. Nach dem Schnitt sollte die Baumkrone die Umrisse einer Pyramide aufweisen.

Entfernt man die Wassertriebe? Je stärker der Rückschnitt, desto kräftiger der Austrieb (Besenbildung)! Daher sollte bei Bäumen niemals mehr als ein Drittel der sogenannten Wassertriebe herausgeschnitten werden. Bei extrem wüchsigen Bäumen ist der Sommerschnitt zu bevorzugen.

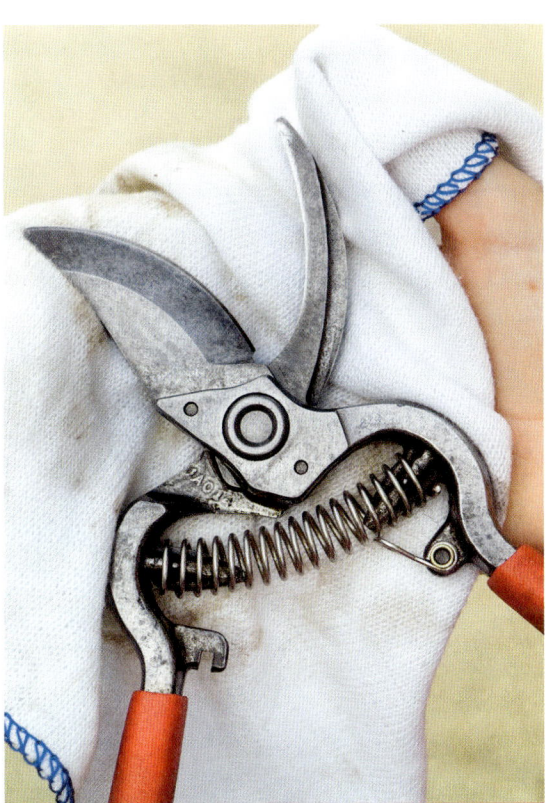

TIPP

Winterzeit – Scherenpflege

Gewisse Arbeiten kommen Jahr für Jahr wieder. Im Jänner, wenn der Garten komplett ruht, ist bei mir einen Nachmittag lang Scheren- und Messerpflege angesagt. Alle Scheren (ich hab nur die Schweizer »Felco«) werden in die Einzelteile zerlegt, gereinigt und die Klingen entweder geschliffen oder ersetzt. Einige Scheren begleiten mich nun schon seit Jahrzehnten. Eine lag sogar zwei Jahre im Kompost, wurde danach gereinigt und funktioniert wie vorher. Bei den Gärtnermessern wird mit einem kleinen Sandstein geschliffen. So scharf dass man auch ein Haar problemlos schneiden kann!

EIN BUCH ZUM ERINNERN, TRÄUMEN UND PLANEN

Frühlingserwachen mit Tulpen und Narzissen, Rosenblüte im Juni, die Beerenernte im Juli und alles ist in meinen vielen Gartentagebüchern festgehalten. Nicht als herkömmliches Tagebuch, sondern als Sammlung der Notizen über die Arbeiten, die im Garten Jahr für Jahr anstehen.

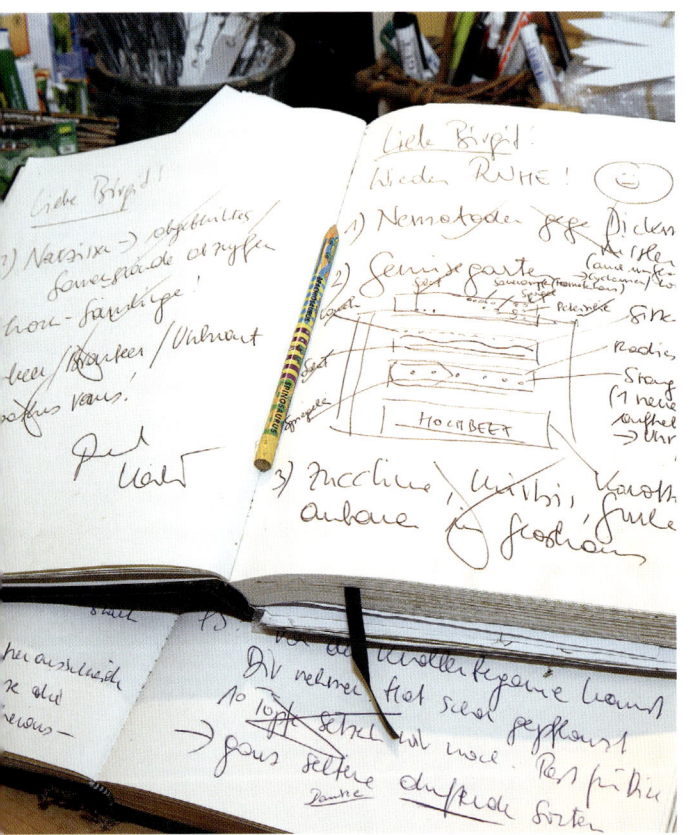

OBEN Seite um Seite füllt sich das Gartentagebuch. So weiß meine »Head Gardenerin« immer, was zu tun ist.

Genaue Skizzen, wie welches Beet angelegt werden soll, wo was gepflanzt wird und welche Pflegearbeiten durchgeführt werden müssen. Im Winter blättere ich dann in diesen Büchern und bin im Vergleich der einzelnen Jahre überrascht, wie unterschiedlich man an so manche Dinge herangeht. Sei es, dass die Witterung es nicht anders zulässt oder dass man von irgendwo eine neue Idee aufgeschnappt hat.

Seit vielen Jahren gibt es bei mir im sogenannten Umtopfhaus diese Bücher. Meine »Head Gardenerin«, eine Gartenhelferin, die immer dann zur Stelle ist, wenn ich unterwegs bin, findet darin immer das Gartl-Programm für eine Woche.

> **TIPP**
>
> ### Das sollte im Gartenbuch stehen
>
> **Datum:** Der wohl wichtigste Hinweis, wo man sich zeitlich in etwa befindet.
>
> **Witterung:** Das ist sicherlich der interessanteste Punkt, so unterschiedlich wie die letzten Jahre waren.
>
> **Pflanzen:** Immer den genauen Sortennamen notieren und unbedingt aufschreiben, woher man die Pflanze bezogen hat.
>
> **Pflege:** Hier steht z. B., welcher Dünger, welches Spritzmittel (natürlich bei mir nur bio!) wurde wann verwendet.
>
> **Ernte:** Antworten auf Fragen wie: War die Sorte gut, hat sie Ertrag gebracht oder war sie wirklich nur ein einmaliger Versuch?

DER TOD IST DIE BESTE ERFINDUNG

Als der Gründer des Computergiganten Apple, Steve Jobs, starb, wurde ein Zitat aus einer der seltenen öffentlichen Reden, immer wieder zitiert: »Der Tod ist die beste Erfindung, denn er schafft Platz für Neues«. Eine harte Wahrheit: Aber niemand von uns hat das ewige Leben gepachtet. Und irgendwann ist das Ende da. So wie es seit Jahrmillionen immer und immer wieder abläuft – ein Kommen und Gehen.

Garten- und Naturliebhaber erleben das Jahr für Jahr. In diesen Tagen läuft das große Sterben vor unseren Augen ab – eine Frostnacht und die Sommerblumen landen auf dem Kompost. Die Bäume werfen Tonnen von Laub ab. Das alles ist die Grundlage für neues Leben in wenigen Monaten. Der Herbst am Ende eines Gartenjahres ist daher nicht der Abschluss, sondern der Beginn. Sieht man das so, werden die bevorstehenden grauen, regnerischen und nebelverhangenen Tage viel erträglicher.

Eines sollte uns klar sein. Das kurze Gastspiel von uns auf der Erde hat keine Nachspielzeit – auch keine, die als Auftrag an unsere Nachkommen erfolgt. Das hab ich so bewundert, als ich mehrere lange Interviews mit der britischen Gartengestalterin Rosemary Verey führen konnte. »Wir können unseren Kindern nicht vorschreiben, das zu machen, was wir nicht mehr erreicht haben«. Daher ist ihr viel besuchter Garten nach ihrem Tod vor zehn Jahren verkauft worden. Barnsley House ist nun ein Hotel – die Söhne hatten keine Möglichkeit, den Garten zu betreuen. Die Grundstruktur blieb erhalten, doch Vereys Seele fehlt. Ein Kommen und Gehen – auch im Garten.

Auch das sollte uns in diesen Tagen klar sein. Der Tod ist die beste Erfindung – er schafft Platz für Neues. So tragisch es für uns auch ist.

10 JAHRESZEITEN FÜR INTELLIGENTE GÄRTNER

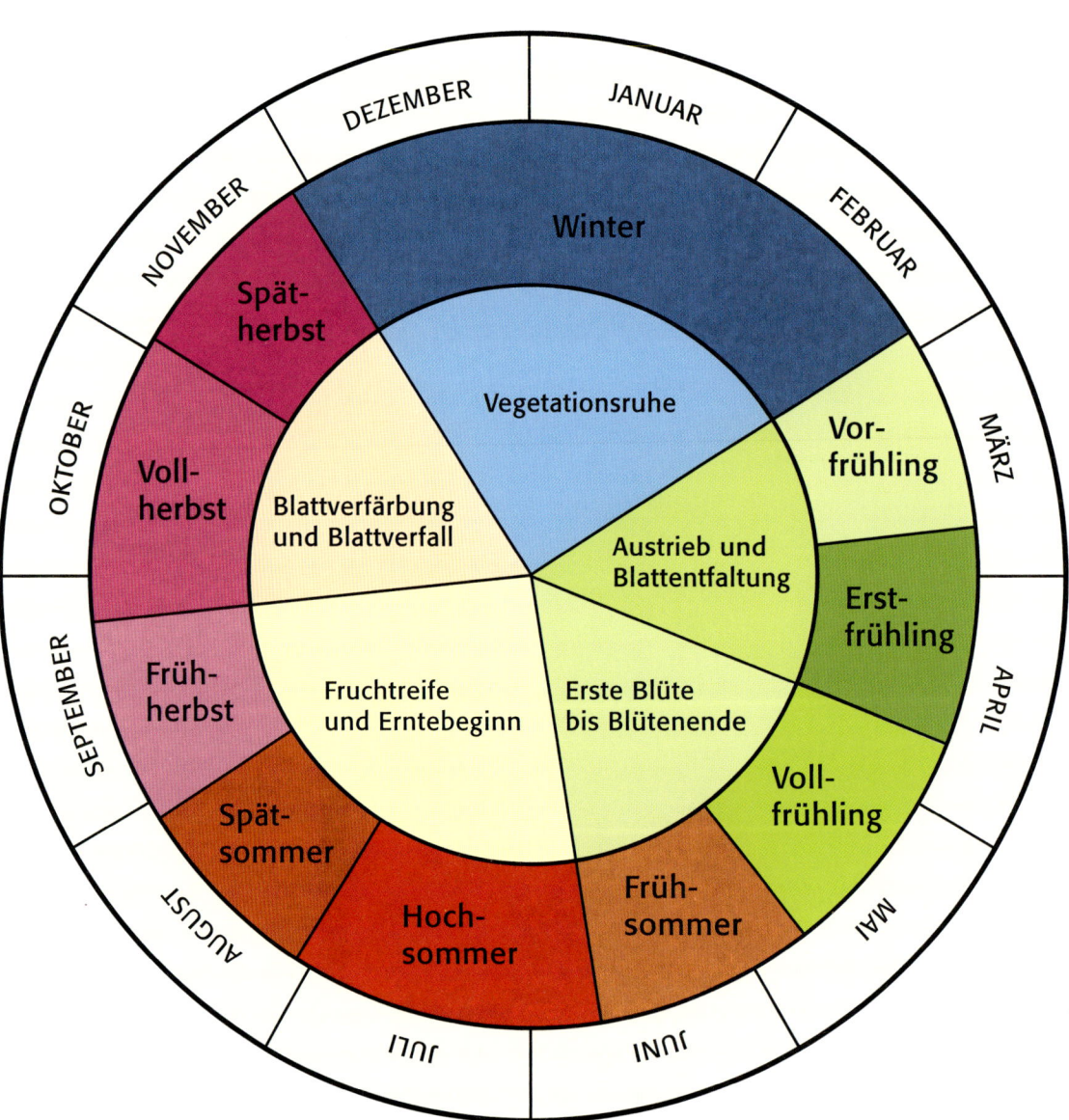

BEZUGSQUELLEN FÜR PFLANZEN

Gehölze, Stauden und Liebhaberpflanzen

Rosenhof Schultheis
Bad Nauheimer Str. 3–7
61231 Bad Nauheim-Steinfurth
Tel.: 0 60 32/ 92 52 80
www.rosenhof-schultheis.de
(hier erhält man alles, was das Rosenherz begehrt! Dazu ein Firmenchef, der an Liebenswürdigkeit kaum zu übertreffen ist)

Staudengärtnerei
Dieter Gaissmayer
Jungviehweide 3
89257 Illertissen
Tel.: 0 73 03/ 72 58
www.gaissmayer.de
(hier wird der Staudeneinkauf zum Erlebnis. Nehmen Sie sich Zeit, wenn Sie hier herfahren. Besonders empfehlenswert: Die alljährliche Illertisser Gartenlust)

Raritätengärtnerei Treml
Eckerstr. 32
93471 Arnbruck
Tel.: 0 99 45/ 90 51 00
www.pflanzentreml.de
(ob Salbei oder Rosmarin, ob afrikanische Kräuter oder Jasmin – ein riesiges Sortiment!)

Österreich

Praskac Pflanzenland GmbH
Praskacstr. 101–108
A-3430 Tulln
Tel.: + 43/ (0) 22 72/ 62 46 0
www.praskac.at
(eine der bestsortierten Gärtnereien Österreichs. Ob Bäume, Sträucher oder Stauden – hier findet man alles)

Staudengärtnerei Feldweber
A-4974 Ort im Innkreis 139
Tel.: + 43/ (0) 77 51/ 83 20
www.feldweber.com
(der Rundgang wird zu einem botanischen Spaziergang. Am besten mit »Sarastro« verbinden.)

Stauden Sarastro
A-4974 Ort im Innkreis 131
Tel.: + 43/ (0) 66 4/
26 10 36 2
www.sarastro-stauden.com
(wer einmal erlebt hat, mit welcher Freude Christian Kress dem Gärtnern frönt, der wird immer wieder hierher zurückkommen. Unbedingt mit einem Besuch bei »Feldweber« verbinden.)

England

Ashwood Lower Lane
Ashwood
Kingswinford
West Midlands
DY6 0AE
United Kingdom
Tel.: + 44/ (0) 13 84/ 40 19 96
www.ashwood-nurseries.co.uk
(Für Liebhaber britischer Pflanzenkultur. Die großartigste Gärtnerei, die es gibt – Treffpunkt der Pflanzenliebhaber)

Pflanzen-Spezialitäten

Für Blumenwiesenfreunde:

Voitsauer Wildblumensamen
Voitsau 8
A-3623 Kottes-Purk
Tel.: + 43/ (0) 28 73/ 73 06
www.wildblumensaatgut.at
(die sicherlich beste Adresse um das passende Saatgut für eine Blumenwiese zu bekommen, gleich ob sonniger, schattiger, feuchter oder trockener Standort)

Duft-Pelargonien

Duftpelargonien Stegmeier
Unteres Dorf 7
73457 Essingen
Tel.: 0 73 65/ 23 0
www.pelargonien-stegmeier.de
(Wenn schon, denn schon – Duftpelargonien üben eine ungeheure Faszination aus. Kaum vorstellbar für einen Sammler, dass diese Gärtnerei gleich einige tausend davon kultiviert.)

Für Zitrus-Liebhaber

Blumen Michael Ceron
Blumenweg 3
A-9583 Faak am See
Tel.: + 43/ (0) 42 54/ 22 34 0
www.ceron.at/zitrus.php
(Michael Ceron betreibt in Faak am See in Kärnten die einzige Bio-Zitrusgärtnerei Europas und hat eine gewaltige Auswahl)

Pflanzenschutz

W. Neudorff GmbH KG
An der Mühle 3
31860 Emmerthal
Tel.: 0 51 55/ 62 44 88 8
www.neudorff.de
(einer der ersten Pflanzenschutzmittelhersteller, der schon vor Jahren auf »Bio« setzte. Neben sanften Spritzmitteln auch Nützlingsversand – allerdings nur über den Fachhandel)

OSCORNA DÜNGER
GmbH & Co. KG
Postfach 4267
89032 Ulm
Tel.: 0 73 1/ 94 66 40
www.oscorna.de
(Biologische Düngemittel gehören in dieser Firma seit mehr als 70 Jahren zum Hauptgeschäft – »Animalin« ist noch immer der problemloseste Naturdünger, den es gibt)

Österreich

Florissa Handels- und
Produktions-GmbH
Handelszentrum 18
A-5101 Bergheim
Tel.: + 43/ (0) 66 2/ 94 14 10
www.florissa.at
(ein Newcomer unter den Dünge- und Pflanzenschutzherstellern – viele biologische Dünger und Erden)

Windhager Handelsgesellschaft
m. b. H.
Industriestr. 2
A-5303 Thalgau
Tel.: + 43/ (0) 62 35/ 61 61 0
www.windhager.at
(viele praktische Utensilien, vom Bindedraht bis zum Insektenschutz. In Österreich der Generalimporteur für alle Neudorff-Produkte)

Der Garten im Internet und im Fernsehen

Internet

Tipps und Infos von und über Karl Ploberger finden Sie unter:
www.biogaertner.at
(mehr als 1,2 Millionen Mal wird meine Internetseite pro Jahr angeklickt. Hier gibt es viele Tipps fürs naturgemäße Gärtnern. Zu sehen sind hier Bilder aus meinem Garten, von meinen Gartenreisen sowie aktuelle Tipps und einen Frage-Briefkasten – für den ich aber um ein wenig Geduld bei der Antwort bitte, denn manchmal sind es einige hundert Fragen pro Monat!)

www.gartenlinksammlung.de
(Willkommen im Surf-Garten – hier finden Sie die umfangreichste und beste Linksammlung zum Thema Garten, mit unzähligen Hinweisen zu Literatur und Pflanzen)

Fernsehen

Die ORF-Gartensendung »Natur im Garten« – in der Gartensaison jeweils am Sonntag, ca. 16.00 Uhr auf ORF 2. Wiederholung zu unterschiedlichen Zeiten in 3sat (meist Samstag 18 Uhr). Infos unter www.naturimgarten.at

Literatur zum Weiterlesen

Weitere Bücher von Karl Ploberger:

Der neue Garten für intelligente Faule. avBUCH/Cadmos-Verlag, Schwarzenbek 2012.
Das Standardwerk für alle, die schnell und erfolgreich mit wenig Mühe einen Biogarten anlegen möchten. Mit dabei ist ein phänologischer Kalender.

Die besten Gartentipps für intelligente Faule. avBUCH/Cadmos-Verlag, Schwarzenbek 2013.
Mehr als 400 zum Teil sehr ungewöhnliche, aber wirkungsvolle Tipps, wie man sich das Gärtnern leichter machen kann. Von Ameise bis Zwiebelkäfer – gegen alle Schädlinge gibt es einen Trick, den mir die Zuseher geschickt haben.

Einfach natürlich gärtnern.
BLV Buchverlag, München 2014.
Viele Tipps wie man sich das Gartenleben leichter machen kann. Alles vom Autor getestet und nur die Biotipps haben Verwendung gefunden. Auch als Taschenbuch.

Ein Garten voller Lebensfreude und Ernteglück. DVA, München 2013.
Gartenportrait über meinen Garten, das mit herrlichen Fotos von Ursel Borstell zu einem »Bilder«-Buch mit vielen Tipps geworden ist. Darin findet man die Geschichten rund um die Gartenliebe.

Weiterführende Literatur:

Marie-Luise Kreuter: Der Biogarten. BLV Buchverlag, München, 25. Auflage 2012.
Das Standardwerk für alle Naturgärtner ist auch das »Lehr«-Buch von Karl Ploberger. Eine langjährige Freundschaft verband ihn mit der Vorreiterin des biologischen Gartenbaus in Europa.

Zeitschriften

»Gartenpraxis«
www.gartenpraxis.de
(beste deutschsprachige Gartenzeitschrift)

»kraut & rüben«
www.krautundrueben.de
(bekannteste Biogärtner-Zeitschrift)

»Mein schöner Garten«
www.mein-schoener-garten.de/
(größte Gartenzeitschrift Europas)

»Garten Flora«
www.gartenflora.de
(eine der traditionellsten Gartenzeitschriften Deutschlands, mit vielen Praxistipps und Ideen. Nicht nur biologisch unterwegs, aber von Fachleuten gemacht)

»Grüner Anzeiger«
www.grueneranzeiger.de
(eine Zeitung für echte Freaks: Kleinanzeigen von und für Pflanzenliebhaber)

»Natürlich Gärtnern«
www.natuerlich-gaertnern.de/
(viele Hintergrundberichte zum Thema »Biologisch Gärtnern«)

»Garten & Haus«
www.garten-haus.at
(bekannteste österreichische Gartenillustrierte)

STICHWORTVERZEICHNIS

A
Ackerschachtelhalm 15, 67
ADR-Prüfung 79
Alpenveilchen 119
Apfel 121
Apfelernte 113
Asiasalat 133
Astern 80, 84, 119
Auspflanzen 25
Aussaat 10, 12, 24, 77, 88
Auszüge 66

B
Balkonblumen 11, 25, 72, 89, 101
Balkonblumenkästen 53
Balkonblumen überwintern 113, 139, 149
Beeren 53, 70, 101, 113
Bitterorange 122
Blattläuse 48
Blumenwiese 60
Blumenwiese anlegen 52, 60
Blumenwiese mähen 61, 88
Blumenzwiebeln 19
Blumenzwiebeln setzen 114
Blumenzwiebelwiese 61, 114
Boden 44
Boden umgraben 127, 139
Boden vorbereiten 24
Brennnessel 67
Brombeeren 53, 71
Brühen 66
Buchsbaumzünsler 48

C
Chinesische Hanfpalme 95
Clematis 80

D
Dahlien 28, 112, 127
Dickmaulrüssler 57, 89
Dill 63
Duftpelargonien 83
Düngen 92

E
Efeu 119
Erdbeeren 70
Ernten 77, 101, 104, 127, 149
Erstfrühling 23, 154

F
Folie 37
Fruchtfolge 53, 65
Frühbeet 11, 20, 113
Frühherbst 111, 154
Frühlingsbepflanzung im Topf 25, 39
Frühsommer 75, 154

G
Gartentagebuch 148, 152
Gehölze pflanzen 25, 112, 139
Gehölze pflegen 149
Gehölze schneiden 11, 16, 52, 59, 139
Gemüse im Herbst 132
Gemüse im Topf 104, 132
Gemüse lagern 133
Gemüse pflanzen 11, 25, 36, 52, 53, 77, 89, 102, 132
Gemüse säen 89, 101, 113
Gemüseschutznetz 37
Geranien 82
Geranien vermehren 108
Gewächshaus 24, 34, 53
Giersch 15
Gießen 90, 100
Gräser 113, 119, 120, 127, 139
Gräser zusammenbinden 144
Gründüngung 45, 89, 101, 113, 127

H
Hanging Basket 72
Hecken schneiden 77, 88, 127, 149
Heidelbeere 53, 71
Herbstbepflanzung im Topf 113, 118
Herbstpflanzung 139
Herbstputz 138
Herbsthimbeere 121
Himbeere 71, 77, 121
Hochbeet 25, 127, 128
Hochsommer 87, 154
Holunder 113

I
Insektenhotel 96

J
Japanisches Blutgras 127
Jauchen 66
Johannisbeere 53, 71
Junges Gemüse 103

K
Kahlstellen im Rasen 31
Kapuzinerkresse 103
Kartoffeln 25, 42
Kartoffeln ernten 113
Kartoffeln im Topf 25
Katzenminze 80
Kirschfruchtfliege 53
Kirschlorbeer 17
Kompost 10, 26, 113
Konservieren 104
Kräuter 25, 63, 101, 104, 139
Kräutergarten 40
Kräuter im Topf 40
Kräuter, mediterran 122
Kräutertees 66
Kübelpflanzen 25, 53, 77, 101, 113, 127
Kübelpflanzen einräumen 139, 143
Kübelpflanzen pflegen 107
Kübelpflanzen schneiden 107
Kübelpflanzen überwintern 139, 149

L
Laub 127, 138, 140
Laubkompost 141
Läuse 11, 48
Lebkuchenbaum 141

M
Mandelbäumchen 59
Mediterraner Garten winterfest 122
Mediterraner Topfgarten 94

STICHWORTVERZEICHNIS

Mischkultur 62
Mulchen 53, 54, 77, 113

N
Narzissen 19
Nistkasten 130
Nützlinge 49, 53, 96, 130

O
Obstbaumschnitt 11, 149, 150
Obstgehölze schneiden 89, 101, 149, 150
Obst lagern 149
Ohrwurmhäuschen 53
Ölweide 122

P
Pampasgras 120
Pelargonien 77, 82, 108
Petersilie 41
Pflanzengesundheit 66
Pflanzen schützen 37, 53, 127, 139, 144, 149
Pflanzen stärken 66
Pflücksalat 102
Phlox 80, 84
Problemlösung 17, 47, 57, 91

Q
Quitte 127, 134

R
Radieschen 63
Rainfarn 67
Rasen 30
Rasen anlegen 30, 113
Rasen pflegen 24, 30, 77, 88, 127
Rhododendron 25, 52, 56, 139
Rosen 76, 78, 88, 139
Rosenbegleitpflanzen 80
Rosenkrankheiten 76
Rosen pflanzen 11, 116
Rosen pflegen 116
Rosen schneiden 24, 32
Rückschnitt 16

S
Samen ernten 100, 106, 126
Sanddorn 122
Säulenapfel 121
Schädlinge 11, 24, 35, 48
Schildläuse 48
Schnecken 11, 55
Schneckenresistente Pflanzen 47
Schnittlauch 41
Silberregen 120
Spätherbst 137, 154
Spätsommer 99, 154
Spinat 63
Stauden 113, 127
Staudenbeet 77, 84, 100
Stecklinge 101, 108

T
Tischbeet 129
Tomaten 13, 68, 77, 89, 101, 113
Tontöpfe reinigen 142
Töpfe 142
Topfgarten 39, 94
Tulpen 19

U
Unkraut 15, 53, 133

V
Vermehren 106, 108
Vlies 37
Vogelfütterung 126, 130, 148
Vogelmiere 15
Vollfrühling 51, 154
Vollherbst 125, 154
Vorfrühling 9, 154

W
Weidenblättrige Birne 122
Wermut 67
Winter 147, 154
Winterbepflanzung 127
Winterquartier 139
Winterschutz 139, 144, 148
Wollläuse 48
Wurzelgemüse 104, 127, 133

Z
Zaunwinde 15
Zebra-Chinaschilf 120
Zeigerpflanzen Boden 45
Zierpflanzen düngen 25
Zitruspflanzen 95, 107
Zwiebelblumen 28, 112, 114, 139
Zwiebelblumen düngen 10, 19
Zwiebelblumen im Topf 115
Zypresse 122

ÜBER DEN AUTOR, ÜBER DIE FOTOGRAFIN

Karl Ploberger gilt in Österreich und weit über die Grenzen hinaus als »der« Biogärtner. Als Autodidakt begann er schon als Kind zu »Garteln«, wie er immer sagt. Heute lebt er in Seewalchen am Attersee und betreut dort einen 3000 Quadratmeter großen Garten. Er hat bereits 20 Bücher geschrieben, die allesamt in den Bestsellerlisten landeten. Seine TV-Sendungen über biologisches Gärtnern locken Woche für Woche mehr als 200000 Zuseher alleine in Österreich am Sonntagnachmittag vor die TV-Geräte. Seine Vorträge sind nicht nur lehrreich, sondern auch unterhaltsam und seine Gartenreisen, die er seit 25 Jahren organisiert und leitet, sind legendär. Sein Wissen hat er sich vor allem durch den Besuch zahlreicher Seminare (zuletzt arbeitete er eine Woche lang in der britischen Gartenpilgerstätte Great Dixter), Vorträge und dem Studium der mehr als 4000 Bücher seiner Gartenbibliothek angeeignet. Der Journalist war eng mit Marie-Luise Kreuter befreundet und ist seit dem Jahr 2015 Herausgeber der Biogartenzeitschrift »kraut & rüben«.

Ursel Borstell studierte an der Essener Folkwangschule und schloß ihr Studium als Diplom-Fotodesignerin ab. Sie zählt zu den renommiertesten Gartenfotografinnen Europas und verfügt über weitreichende botanische Fachkenntnisse. Der besondere Charme ihrer Motive entsteht durch ihre Authentizität und Tiefe – mal intuitiv entdeckt, mal sorgfältig inszeniert. Ihre Fotos erscheinen in Garten- und Wohnzeitschriften sowie in zahlreichen Büchern und Kalendern.

Impressum

Bibliografische Information der Deutschen Nationalbibliothek

Die Deutsche Nationalbibliothek verzeichnet diese Publikation in der Deutschen Nationalbibliografie; detaillierte bibliografische Daten sind im Internet über http://dnb.d-nb.de abrufbar.

BLV Buchverlag GmbH & Co. KG
80636 München

© 2017 BLV Buchverlag GmbH & Co. KG, München

Das Werk einschließlich aller seiner Teile ist urheberrechtlich geschützt. Jede Verwertung außerhalb der engen Grenzen des Urheberrechtsgesetzes ist ohne Zustimmung des Verlags unzulässig und strafbar. Das gilt insbesondere für Vervielfältigungen, Übersetzungen, Mikroverfilmungen und die Einspeicherung und Verarbeitung in elektronischen Systemen.

 www.facebook.com/blvVerlag

Bildnachweis: Alle Bilder von Ursel Borstell außer: 16o, 151u (GAP Photos), 44u (Shutterstock), 49u, 67o (Fotolia)
Hintergründe: Alle Fotolia

Umschlagkonzeption und Gestaltung: BLV Verlag
Umschlagfotos: Ursel Borstell

Lektorat: Corinna Steffl, Judith Starck
Herstellung: Hermann Maxant
Layoutkonzept Innenteil und Satz: Dorothee Griesbeck griesbeck design, München

Gedruckt auf chlorfrei gebleichtem Papier

Printed in Italy

ISBN 978-3-8354-1545-4

Hinweis
Das vorliegende Buch wurde sorgfältig erarbeitet. Dennoch erfolgen alle Angaben ohne Gewähr. Weder Autoren noch Verlag können für eventuelle Nachteile oder Schäden, die aus den im Buch vorgestellten Informationen resultieren, eine Haftung übernehmen.

BLV im WEB

In unserem Webshop warten weit über 500 lieferbare Titel zu den Themen Garten, Natur, Sport, Fitness, Kreativ und Kochen auf Sie.

Surfen Sie doch mal vorbei, bestellen Sie **versandkostenfrei** und zahlen Sie bequem z.B. **auf Rechnung** oder schnell via **Paypal**.

Versandkostenfrei bestellen: www.blv.de